Dr L. Gaillard

Le Choléra

BIBLIOTHÈQUE MÉDICALE

PUBLIÉE SOUS LA DIRECTION

DE MM.

J.-M. CHARCOT	G.-M. DEBOVE
Professeur à la Faculté de médecine de Paris, membre de l'Institut.	Professeur à la Faculté de médecine de Paris, membre de l'Académie de Médecine, médecin de l'hôpital Andral.

LE CHOLÉRA

PAR

Le Dr L. GALLIARD

MÉDECIN DES HÔPITAUX

PARIS

RUEFF ET Cⁱᵉ ÉDITEURS

106, BOULEVARD SAINT-GERMAIN, 106

—

1894

INTRODUCTION

« Toute épidémie de choléra qui atteint l'Europe a son point de départ dans la hutte de quelque Hindou sur les bords du Gange. »

Ce mot de Burdon Sanderson a pu être considéré longtemps comme l'expression de la réalité. Il n'est plus exact aujourd'hui.

Le choléra épidémique a renié, dans plusieurs circonstances, son berceau et ses origines. Il s'est émancipé. Dédaignant le nom d'*indien*, que nous lui imposions jadis, il veut être *afghan* depuis 1844, *silésien* depuis 1851, *russe* depuis 1869, *parisien* depuis 1892.

Le choléra s'est acclimaté en Europe. Il nous menace de ses reviviscences, absolument comme il menaçait, autrefois, les populations de l'Inde.

Et ce choléra *reviviscent*, si différent, Proust

l'a bien montré, du choléra d'*importation*, ne l'aurions-nous pas confondu avec le choléra *nostras* ou *sporadique* lorsqu'il a éclaté, au mois d'avril 1892, à la maison de Nanterre, si la bactériologie n'était venue à notre secours ?

Renonçons désormais aux classifications surannées.

Que l'on admette ou non la spécificité du bacille virgule de Koch, il y a, dans l'histoire du choléra, de nombreux points sur lesquels tout le monde est d'accord.

Chargé d'un service d'isolement à Paris, en 1892, j'ai pu mettre à profit mes observations personnelles en même temps que les publications, accumulées en nombre colossal, des auteurs.

C'est surtout le choléra à bacilles virgules que j'aurai en vue en écrivant ici, dans le sens le plus large du mot, l'histoire complète du choléra.

LE CHOLÉRA

———

I. — LES ÉPIDÉMIES.

Le choléra aux Indes avant 1817. — S'il fallait s'en rapporter aux assertions d'un historien contemporain, Semmerlink, les maladies qui ont désolé les Indes avant 1817 n'avaient qu'une analogie apparente avec le choléra épidémique tel que nous le connaissons de nos jours. Comment mettre en doute cependant l'exactitude des relations médicales si précises de la fin du XVIIIe siècle ? A quelle maladie attribuer la mort des 3,000 nègres et des 800 Européens enlevés au nord de l'Hindoustan en 1771, sous les yeux de Lebègue de Presle ; et les 60,000 décès qui, d'après Sonnerat, se sont produits, de 1768 à 1781, dans la région qui s'étend de Chéringam à Pondichéry ; et la destruction partielle de l'armée du colonel Pearse, en mars 1781 ; et le désastre de Hurdwar, où 20,000 pèlerins succombèrent en 1783 ; et les pertes subies par l'armée anglaise en 1787, 1790 et 1793 ?

Je veux bien qu'on hésite à reporter à l'antiquité la plus reculée, d'après certains documents, l'origine du choléra endémique. J'admets qu'en arrivant au XVIe siècle on fasse bon marché des relations de Cristoval d'Acosta et du dialogue de Garcia d'Orta sur la *cholerica passio*. Mais je demande qu'on considère les notes souvent citées de Bontius, médecin de la Compagnie des Indes à Batavia (1642), les rapports de Schnurrer sur le choléra de la province de Madras (1657), ceux de Paysley et Curtis sur le siège de Benjapoore (1656 et 1657). Et dès lors on reconnaîtra que, si le choléra du xix⁰ siècle se distingue de celui des siècles précédents, c'est seulement parce qu'il a été plus cruel, plus vagabond et surtout mieux observé (1).

Épidémie de 1817. — Le choléra avait fait déjà quelques victimes dans les vallées du Gange et du Brahmapoutra lorsqu'il vint foudroyer, le 19 août, les habitants de Jessore. En quelques semaines il fit 6,000 victimes. Un mois plus tard, transporté par les fugitifs de Jessore à une distance de quarante lieues, il apparaissait à Calcutta et là encore tuait environ 6,000 personnes en quatre semaines. A la fin de septembre, tout le Bengale était envahi. Après un arrêt momentané en décembre 1817 et en janvier 1818, le fléau gagnait la province de Bombay et bientôt la totalité de l'Inde en subissait les atteintes. En trois ans, trois millions de victimes !

Très rapidement, d'ailleurs, le choléra se propageait à Ceylan, à Malacca (1818), à Singapoor, à Siam (1819), à Bornéo, à Canton, à Shanghaï (1820), aux Philippines, aux Célèbes, aux Moluques (1821).

Les navires transportaient la maladie à Maurice en 1819, à Mascate en 1821, et de là elle envahissait l'Asie occidentale, Bagdad et la Perse.

Au printemps de 1822, l'épidémie ravageait la Syrie, le Kourdistan et de nouveau la Perse. En 1823, elle atteignait la Syrie, les bords de la mer Caspienne ; signalée à Astrakan le 22 septembre, elle s'arrêtait dans cette ville.

L'épidémie avait duré six années.

(1) J'ai puisé largement dans l'article de Laveran (*Dictionnaire encyclopédique*).

Épidémie de 1827. — Le fléau n'erre plus seulement en Asie cette fois. Il atteint l'Europe, l'Afrique, l'Amérique.

C'est par les caravanes que le choléra, franchissant les frontières de l'Inde, est importé dans l'Afghanistan, puis en Perse. De Mesched, la grande ville persane, il rayonne sur le Turkhestan et, de Boukhara, parcourt 2,000 kilomètres pour gagner Orenbourg, au mois d'août 1829.

Le 21 juin 1830, il est à Astrakan, bientôt à Odessa ; le 20 septembre, il éclate à Moscou ; à la fin de l'année, il est signalé à Minsk, à Grodno, à Nijni-Novogorod.

Tandis que les pèlerins venus du Hedjaz l'importent à la Mecque en juillet 1830, il s'étend des bords de la mer Noire aux principautés danubiennes. S'attachant aux troupes russes, il entre en Pologne le 5 février 1831 et, le 14 avril, il se révèle à Varsovie.

Arrêté momentanément par le froid, il reprend bientôt sa marche vers le nord, atteint Saint-Pétersbourg en juillet, la Finlande en septembre. Un courant le porte à l'ouest jusqu'à Berlin et Francfort, un autre à Constantinople, où il arrive au mois de juin, pendant que, de la Mecque, il accompagne les pèlerins en Egypte et jusqu'en Tunisie.

C'est dans les ports de la Baltique que le choléra prend passage pour l'Angleterre, et, le 14 novembre 1831, il est signalé dans le Sunderland. Le 27 janvier 1832, il fait son apparition à Édimbourg, le 10 février à Londres.

D'Angleterre, il passe à Calais (15 mars 1832). Le 26 mars, Paris est atteint. La célèbre épidémie de 1832 envahit 52 départements et creuse, en France, 100,000 tombes.

Avec les émigrants irlandais, la maladie gagne Québec le 8 juin 1832, pour se propager à Montréal, puis à New-York et à toute l'Amérique du Nord.

C'est encore à l'Angleterre que le Portugal est

redevable de l'épidémie, importée en janvier 1833 par des recrues destinées à l'armée de Don Pedro. Du Portugal, elle traverse l'Espagne et arrive à Marseille le 11 décembre 1834, tandis qu'elle éclate presque simultanément à Oran, à Alger et à Constantine.

En juillet 1835, l'Italie est atteinte ; l'épidémie s'étend du nord au sud et dure deux ans.

En mai 1837, nouvelle irruption à Marseille, puis en Tyrol, en Bavière, en Illyrie, en Bohême, en Galicie, en Pologne et en Russie.

Voilà donc une pandémie qui, en réalité, dure dix ans (1827 à 1837).

Épidémie de 1841. — La mortalité cholérique de l'Inde avait diminué d'une façon notable (de 30 à 20 pour 100 pour l'armée anglaise), lorsqu'en 1841 une sévère recrudescence fut signalée dans les régions septentrionales. La Chine et les Philippines furent, cette année-là, visitées par le fléau.

En 1842, extension dans l'Inde et envahissement de Ceylan.

Épidémie de 1844. — Ici, deux opinions sont en présence : d'après l'une, le choléra de 1844 serait simplement le choléra de l'Inde, propagé à l'Afghanistan et au Turkestan ; d'après l'autre (Tholozan s'est fait le défenseur de cette doctrine), le fléau serait venu éclore, cette fois, en dehors de l'*aire endémique*.

A la fin de l'été 1844, écrit le D\u1d63 Arnott, de Bombay, les pays situés au nord de l'Hindoukouk (Caucase indien) furent dévastés par le choléra ; Bokhara et Samarcande (Turkestan), Balkh et Kunduz (villes du nord de l'Afghanistan) souffrirent beaucoup. La maladie n'atteignit Kaboul que le 15 octobre. Le 8 novembre, elle était signalée à Djelahabar et à la fin de novembre à Peshawar, ville indienne voisine de la frontière afghane. Ce fut seulement en mai 1845 que le choléra, ayant franchi l'Indus, atteignit Hassan-Abdab et Lahore, tandis qu'i descendait le cours du fleuve jusqu'à Chikarpour et Hyderabad. Delhi et Agra, dans la direction du sud-est, n'étaient visitées qu'en octobre 1845.

Les assertions d'Arnott, confirmées par celles de Macnamara et de notre compatriote Février, qui, à cette époque, voyageait dans l'Afghanistan, permettent donc d'établir que le choléra a marché, en 1844-1845, du Turkestan sur l'Inde, et, dans l'Inde, a progressé de l'ouest à l'est, contrairement à ce qui avait eu lieu précédemment. Il a donc eu, d'après l'expression de Tholozan, une marche *récurrente*.

Pour ce qui concerne les progrès ultérieurs de l'épidémie, le choléra de 1844 ressemble singulièrement à celui de 1827.

Pendant l'été de 1845, il gagne Mesched ; en mai 1846, Asserabad ; en juin 1846, Téhéran, où il fait 12,000 victimes sur 60,000 habitants. Bagdad est infectée en novembre et à la même époque 15,000 pèlerins sur 100,000 succombent à la Mecque. Vers le nord, Bakou et Astrakan paient à l'épidémie leur tribut habituel. La Russie est envahie.

Le 24 octobre 1847, Constantinople est frappée.

L'année 1848 est marquée par l'apparition du fléau à Saint-Pétersbourg en juin, à Berlin en juillet, bientôt à Hambourg et en Angleterre, d'où il atteint l'Amérique du Nord et aussi le nord de la France pendant l'automne.

En 1849, le choléra progresse du nord au sud vers Paris, qu'il atteint en mars, et, d'autre part, venant d'Egypte, il envahit au mois d'août, par Marseille, le sud de la France. Il tue en France 110,000 personnes, dans 54 départements.

Épidémie de 1851. — Ce n'est pas de l'Inde que nous arrive cette fois le fléau. Le germe a été déposé sur le sol de l'Europe et c'est en Silésie qu'il manifeste tout d'abord, à la fin de 1851, sa vitalité ; en 1852, il se montre en Pologne et en Prusse. Pendant l'année 1853, le choléra envahit le Danemark, la Suède, la Norvège et l'Angleterre. Au mois d'octobre, il éclate dans le département de l'Aisne et au mois de novembre à Paris.

Après un sommeil de deux mois, il se réveille à Paris au mois de février 1854. Plus cruel qu'en 1832 et qu'en 1849, il désole 70 départements français et, jusqu'au mois d'octobre, nous enlève 143,478 personnes.

La même année, dès le mois de juillet, nos navires le portent, avec notre corps expéditionnaire, en Crimée, où il persiste jusqu'en 1856. Il sévit, pendant cette période, sur tout le bassin de la Méditerranée et atteint même l'Europe centrale.

Aux désastres de 1854, il convient d'ajouter ceux qui eurent pour théâtre les Etats-Unis d'Amérique infectés par les émigrants. L'Amérique du Sud, jusquelà respectée, dut accueillir, elle aussi, le sinistre voyageur.

Epidémie de 1865. — S'agit-il ici d'une importation due aux pèlerins embarqués à Singapour ou plutôt d'une reviviscence spontanée sur le sol de l'Arabie ? Quelle que soit l'origine du mal, le choléra éclate en avril 1865, aux fêtes du Courban-Beiran, et, grâce à la rapidité des transports, il marche à pas de géant vers l'Europe. Le 21 mai il est à Suez, le 2 juin à Alexandrie, le 23 juillet à Marseille, le 26 août à Toulon, le 18 septembre à Paris. Dans le département de la Seine, il fait plus de 6,000 victimes ; il sévit, en outre, sur dix-neuf départements français.

S'il disparaît momentanément dans notre pays, c'est pour revenir en 1866, plus tenace et plus violent.

Moins favorisée que la France, la Russie, envahie par Odessa au mois d'août 1865, donne au fléau une hospitalité durable ; jusqu'en 1872, elle est tenue constamment en éveil.

En 1870, le choléra gagne la côte orientale d'Afrique, et, d'autre part, renaît en Perse.

En 1871, les ports de la Baltique sont envahis; Constantinople est atteinte la même année.

En 1872, une caravane venue de Djeddah l'importe à Médine. Dans plusieurs villes d'Europe, et surtout au nord de l'Allemagne et en Russie, des cas isolés se manifestent.

C'est par le Havre qu'au mois d'août 1873 le choléra entre de nouveau dans notre pays; au mois de septembre il sévit à Paris, qu'il abandonne en novembre.

Épidémie de 1883. — C'est aux pèlerins transportés de Bombay à Djeddah par des navires anglais, l'*Hesperia* et le *Columbian*, munis de patentes nettes, qu'on a pu attribuer les épidémies qui ont sévi à la Mecque en 1881 et 1882. C'est également à la négligence ou plutôt à l'incroyable dissimulation des autorités anglaises que paraît due l'épidémie égyptienne de 1883. Le 22 juin de cette année, le choléra éclate à Damiette, et de là, s'étendant en Égypte, fait dans ce pays 28,616 victimes.

Il se déclare à Smyrne au mois d'avril 1884. Le 13 juin il est signalé à Toulon et le 27 juin à Marseille. Pendant l'année 1884, il tue, en France, 11,769 personnes. L'épidémie française a été décrite avec un grand soin par Thoinot (Thèse de Paris 1886).

C'est seulement au mois de novembre 1884 que le fléau se montre à Paris, pour n'y persister, d'ailleurs, que jusqu'en janvier 1885.

L'année 1885 a été mauvaise encore pour notre pays. Marseille a vu renaître le choléra.

D'autre part, des pêcheurs de thon, venus d'Espagne, ayant rencontré en mer des marins de Concarneau, ceux-ci s'imprégnèrent des germes auxquels H. Monod (1) attribue, dans son remarquable ouvrage, l'épidémie qui a sévi sur le Finistère d'octobre à décembre 1885.

(1) H. Monod. *Le choléra*, histoire d'une épidémie ; Paris, 1892.

En 1884, l'Espagne a payé au choléra un lourd tribut : 119,931 victimes. L'Italie, en 1884 et 1885, a perdu 17,750 personnes.

Epidémie de 1889. — L'épidémie qui a envahi, en 1889 et 1890, la Mésopotamie, la Perse et la Syrie, eut son origine dans l'Irak-Arabie. En la décrivant, Proust admettait, non pas une reviviscence, mais une importation nouvelle d'origine indienne.

Epidémie de 1892. — Proust a décrit avec une merveilleuse clarté les ravages du choléra de 1892. D'après lui, il y eut deux courants épidémiques absolument distincts. L'un, né le 4 avril, à la maison de Nanterre (choléra de reviviscence) a mis trois mois à gagner Paris ; il a rayonné dans diverses parties de la France, surtout au nord et à l'ouest, et même en Belgique et en Hollande. L'autre, venant du Turkestan (choléra d'importation), se montra à Bakou le 4 juin et avec une rapidité foudroyante envahit la Transcaucasie et le sud de la Russie ; parmi ses expansions, celle de Hambourg a été la plus redoutable. Il a eu pour résultat diverses manifestations en Allemagne, en Angleterre, en Danemark, en Autriche-Hongrie et en Hollande.

C'est en Hollande que les deux épidémies se rejoignent.

Quelques pays sont restés absolument indemnes : la péninsule ibérique, la Suisse, la Suède, la Turquie d'Europe et la Grèce.

Hors d'Europe, il faut signaler les importations venues de Russie et atteignant la Sibérie et l'Asie mineure ; quelques cas isolés aux États-Unis, dus à des émigrants embarqués à Hambourg.

Je me borne à relater certains traits caractéristiques de cette épidémie :

A. *Banlieue parisienne et Paris.* — Le 4 avril 1892 (rapport de Netter, Proust et Thoinot), un pensionnaire de la maison de Nanterre, pris de symptômes cholériques, succombait en vingt-quatre heures. Tel fut le premier cas. Le 8 avril, le choléra se montre à Neuilly, le 10 à l'île Saint-Denis, le 11 à Puteaux et à Suresnes. En avril et mai, il reste limité aux communes de la banlieue nord-ouest, sur les bords de la Seine. Enfin, il apparaît à Aubervilliers, à Pantin, etc. En juillet, il prend corps à Paris, où il règne jusqu'en novembre. En juillet, août et septembre, il fait quelques ravages discrets dans la banlieue sud-est et nord-est. Total des décès de la banlieue : 934; total des décès de Paris : 894. Le rôle de l'eau dans la diffusion et la propagation de cette épidémie s'est affirmé nettement. C'est de Paris qu'a procédé le choléra du Havre, où le premier cas s'est manifesté le 14 juillet (Gibert).

B. *Russie.* — L'Afghanistan, contaminé par l'Inde, a été le théâtre d'une épidémie qui a mis près de six mois à gagner la mer Caspienne. Elle a eu dès lors pour véhicules les bateaux à vapeur de cette mer et les wagons du chemin de fer transcaspien. Bakou fut infecté le 4 juin; la panique fut générale : 100,000 habitants s'enfuirent, disséminant partout la maladie. Le 23 juin, on signalait le choléra à Batoum et à Astrakan; il remontait le Volga et, d'autre part, il gagnait l'ouest. Le 21 juillet, il atteignait Nijni-Novogorod, le 7 août Moscou, le 15 août Saint-Pétersbourg. Presque toutes les provinces de la Russie furent atteintes, et, malgré l'imperfection des statistiques, le nombre des victimes put être évalué à 400,000. A la fin de 1892, il y avait encore des cas assez nombreux. Au commencement de 1893, plusieurs provinces du centre et du sud ont été signalées comme contaminées; en juillet le choléra s'est montré à Moscou.

C. *Allemagne.* — C'est à des émigrants russes venant s'embarquer à Hambourg ou y faire escale que l'office sanitaire impérial attribue les premiers cas signalés à Hambourg depuis le 16 août; la déclaration officielle date du 22 août. Hambourg a possédé les neuf dixièmes des cholériques de l'Allemagne.

L'épidémie a fait 8,575 victimes sur 19,647 malades (en 1832, Hambourg n'avait eu que 1,500 décès; en 1848, 1,674 décès), d'août à novembre. J'ajoute qu'au mois de décembre 1892 la même ville a subi le retour offensif du fléau; à la fin de janvier 1893, elle jouissait enfin d'une paix durable.

D. *Belgique.* — Ce pays a été contaminé de deux manières : d'abord par un ouvrier venu d'Argenteuil et succombant à Aspelaere le 20 juillet; ensuite par le *Saint-Paul* venant du Havre et s'amarrant dans le port d'Anvers le 15 août. Anvers recevait d'ailleurs, d'autre part, des navires de Hambourg; cette ville n'a eu que 251 cas et 92 décès. Toutes les provinces de la Belgique ont été atteintes; celle d'Anvers, plus maltraitée que les autres, a compté 362 décès sur 779 cas jusqu'au 18 novembre.

E. *Perse.* — Jamais la Perse n'avait été désolée de cette manière. Envahie directement par Hérat, puis par un courant venant de Bakou, elle a vu le choléra ravir 100,000 personnes en dix mois (août 1892 à mai 1893), chiffre énorme pour une population de 5,500,000 âmes.

Résumé. — Depuis le commencement du siècle, le choléra n'a renoncé à aucune de ses prérogatives; nous le trouvons, en 1892 comme en 1817, malgré les progrès de l'hygiène, implacable et triomphant. S'il a modifié ses allures, c'est seulement pour bénéficier du perfectionnement des transports, pour mettre à profit les chemins de fer et les navires rapides. Et voici qu'en 1892, chose inconnue jusqu'alors, il se présente à nous sous deux formes : d'une part *importé*, c'est-à-dire brusque dans son expansion et rapidement disséminé; d'autre part *reviviscent*, c'est-à-dire lent à se répandre et à se disséminer.

« Jamais on n'avait assisté, dit Proust, à un semblable spectacle; jamais on n'avait observé, à la même époque, des manifestations cholériques ayant deux points de départ aussi distincts, aussi éloignés, et une marche aussi différente (rapidité dans un cas, len-

teur dans l'autre) et arrivant enfin à se rencontrer et
à se rejoindre. »

II. — LES CAUSES.

Le choléra est endémique aux Indes. Il importe de
rechercher pourquoi. Cela fait, j'examinerai les circonstances qui favorisent la dissémination de la
maladie.

Causes de l'endémie cholérique aux Indes. — Le climat de l'Inde est excessif à la fois pour la chaleur et
l'humidité. A Madras, à Pondichéry, le thermomètre
peut s'élever à 46°,8 et atteint souvent 40°. Les orages
sont violents. La mousson (vent périodique) de sud-
ouest souffle de la fin de mai à la fin d'août, et pendant
cette période des torrents de pluie se déversent sur
la côte du Coromandel et de l'Hindoustan. Au Bengale,
la saison des pluies commence en octobre. Le sol
est formé de plateaux et de plaines basses que recouvre le limon apporté par les inondations pério-
diques. Le delta du Gange, hérissé de forêts, est le
foyer principal des miasmes délétères.

L'insalubrité du climat et du sol est aggravée par
les mœurs, le fanatisme religieux, la misère et la
malpropreté du plus grand nombre.

Ce qu'il faut envisager surtout, on ne l'ignore pas,
c'est la contamination de l'eau. Quelques citations
suffiront.

« L'Hindou, a dit le Dr Ghose (de Rungpore), cité par
H. Monod, considère les excréments humains comme
une chose impure à laquelle le croyant ne doit pas
toucher. Une seule caste a le droit d'y toucher, celle
des *mehters*. Or, les *mehters* sont en petit nombre ; leurs
services sont à haut prix. L'Indien ne s'adresse donc à eux
qu'à la dernière extrémité. En attendant, il vit à côté

de ses déjections qui se décomposent, car il aimerait mieux mourir empoisonné que de les enlever lui-même. Chaque maison devient ainsi un centre d'infection. Qu'arrive-t-il cependant? Quand le *mehter* emporte la matière, il ne l'emporte pas loin. Il la jette dans un champ voisin. Soit de ce champ par les pluies, soit de la maison elle-même par les infiltrations, les puits reçoivent ces matières, et ainsi, le pieux Indien! ce qu'il n'aurait pas voulu toucher avec une pelle, il le boit. »

« Lorsqu'on se préoccupe, écrit Pringle, de l'assainissement de l'Inde, il faut se rappeler que la population urbaine ne représente que 5 pour 100 de la population totale; les autres 95 pour 100 vivent dans les villages. Or, les citernes des villages sont, en réalité, des fosses d'aisances. L'indigène de l'Inde ne se soucie pas plus de l'eau qu'il boit qu'une vache; même les classes supérieures considèrent l'impureté de l'eau de boisson avec une indifférence absolue, tandis que l'ombre d'un étranger passant sur la cuisine d'un brahmine souille ses aliments. »

Voici un fait emprunté à Furnell et bien propre à mettre en évidence les fâcheuses conséquences de la souillure de l'eau : la ville de Salem a la peu enviable réputation d'être atteinte par le choléra chaque fois qu'il apparaît dans le sud des Indes. La ville est divisée en deux par un cours d'eau, torrent déchaîné pendant la saison des pluies et qui, pendant la sécheresse, n'est qu'une suite de bourbiers marécageux presque sans écoulement; ce cours d'eau est sacré. Avec son eau, les brahmines et les Indiens font leur lessive et leur cuisine; ils la boivent. Les musulmans et les Européens ne doivent pas toucher à cette eau. En 1881, le choléra ayant pénétré à Salem, les Indiens et les brahmines furent atteints de la façon la plus cruelle; les musulmans ne présentèrent qu'un très petit nombre de cas, les Européens aucun. Les parias doivent se tenir éloignés de cette eau sainte, que leur approche souillerait; dans cette classe de gens si sales, si pauvres, il n'y a pas eu un seul cas de choléra.

Lorsque Koch, fort des résultats obtenus en Égypte, arriva aux Indes, son premier souci fut d'examiner l'eau de boisson. Voici ce qu'il écrivait de Calcutta le 4 mars 1884 : « Tout le Bengale est couvert de *tanks*, c'est-à-dire de lacs-étangs et marais entourés de cabanes et qui fournissent aux pauvres habitants toute l'eau dont ils ont besoin pour les divers usages : bains, lavage du linge, nettoyage des ustensiles de ménage, boisson, etc. Il faut ajouter que les latrines, si toutefois on peut se servir de ce mot pour désigner une organisation des plus primitives, se trouvent fréquemment au bord de ces *tanks* et y vident leur contenu, et que, de plus, les bords des *tanks* servent généralement de dépôt pour toutes les ordures et en particulier pour les excréments humains. L'eau des *tanks* est donc absolument impure et on comprend que les médecins du pays lui aient attribué certaines épidémies cholériques localisées. Une épidémie ayant sévi sur les cabanes situées autour d'un *tank*, dans lequel d'ailleurs on avait lavé les linges souillés par les déjections des cholériques, la commission allemande examina l'eau de ce *tank* et dans plusieurs échantillons elle trouva des bacilles du choléra en très grand nombre. »

Causes de la propagation du choléra. — Nous savons que l'homme est l'agent propagateur du choléra. Lorsque ses déjections contiennent les éléments spécifiques, il devient dangereux pour tous ceux qui l'approchent. Bien plus, les souillures issues de son intestin peuvent porter au loin la maladie et la mort.

Le choléra peut suivre soit la *voie de terre*, soit la *voie de mer*.

Dans le premier cas, il voyage avec les soldats, les marchands, les pèlerins; dans les camps, autour des villes assiégées, dans les foires, dans les grands centres de pèlerinage, partout où se rassemblent des individus affamés, fatigués et misérables, il exerce aisément ses ravages. Déjà dangereuses lorsqu'elles se composent uniquement d'hommes vivants, les caravanes qui transportent des cadavres exposent aux plus graves périls les régions qu'elles traversent. Les mahométans Chiites, très nombreux en Perse et aussi dans l'Inde, sont contraints par les exigences de leur religion à transporter leurs morts dans les villes saintes de la vallée de l'Euphrate : Kerbela et Nedjef. A ces cadavres portés à dos de chameau sous un soleil brûlant s'ajoutent les corps des pèlerins tombés en route, si bien que les caravanes deviennent à la fin, suivant l'expression de Fauvel, de véritables charniers ambulants. Au centre de la ville de Kerbéla se trouve le cimetière. Même les maisons servent de tombeaux et la terre qu'on en retire, pour faire place aux morts, se débite en gâteaux talismaniques aux pèlerins. L'industrie des habitants consiste à inhumer les cadavres qu'on leur apporte de toutes les régions du monde chiite. On comprend de quel danger pour la salubrité publique sont ces charniers (Élisée Reclus, H. Monod).

Particulièrement rapide, cela va sans dire, est la propagation dans les pays pourvus de voies ferrées.

Dans le second cas, ce sont les navires, et surtout les navires à émigrants ou à pèlerins qui transportent, avec leur cargaison humaine, le redoutable fléau. Les pèlerins qui vont de l'Inde au Hedjaz ont acquis, à cet égard, une triste réputation.

N'incriminons pas seulement les individus !

La conférence internationale de Vienne en 1874 a voté à l'unanimité la conclusion suivante : Le choléra peut être transmis par les effets à usage provenant d'un lieu infecté, et spécialement par ceux qui ont servi aux cholériques ; et même la maladie peut être importée au loin par ces mêmes effets renfermés à l'abri du contact de l'air libre.

Un exemple montrera le bien fondé de ces assertions :

La *Virginie* quitte Marseille où sévit le choléra, le

3 septembre 1865, en route pour la Guadeloupe. Pendant toute la traversée, santé excellente à bord. Le 9 octobre, le navire aborde à Pointe-à-Pître et, le 20 octobre, le débarquement commence. Le 22, pendant le déchargement et à côté du lieu où il s'opère, un cas de choléra éclate et donne naissance à une épidémie formidable qui fait 10,000 victimes.

Simpson affirmait déjà en 1849 que les objets contaminés pouvaient être dangereux pendant dix mois; le danger peut persister une année.

Quelle que soit la subtilité des germes (les mouches, dit-on, peuvent les transporter), ils semblent s'attacher aux objets. Daremberg pense cependant qu'ils peuvent se répandre dans les poussières de l'air. Je chercherai ailleurs les causes qui favorisent leur persistante nocivité.

Influence de la chaleur et du froid. — La chaleur a toujours été considérée comme favorable à l'éclosion et à la diffusion du choléra. En général, les épidémies cholériques se développent en été et en automne, et s'apaisent en hiver, pour recouvrer avec les chaleurs une vigueur nouvelle. Telles ont été les alternatives observées en Perse (1821 et 1822), en Mésopotamie (1822 et 1823), en Syrie (1829 et 1830), en Russie (1830 et 1831), en France (1853 et 1854), en France encore (1865 et 1866). En Suède, de 1853 à 1859, c'est-à-dire pendant sept années consécutives, le choléra n'a sévi qu'en été, sauf pendant l'hiver de 1855-56.

Le choléra ne se développe guère sans une moyenne de 15 degrés centigrades. L'influence de la grande chaleur a été évidente dans certaines épidémies célèbres, celles de la Guadeloupe en 1865 celle de la Nouvelle-Orléans, etc.

Un relevé très intéressant de Hirsch (1860) démontre que le troisième trimestre (juillet, août, septembre) compte sept fois plus d'épidémies cholériques que le premier; le mois de juillet, qui est le plus chargé de tous, en compte douze fois plus que janvier et février.

Cependant, le froid n'a pas toujours mis obstacle à la propagation du fléau. A Moscou en 1830, une température de 20° n'en a pas empêché les progrès. Le froid était vif à Orenbourg en 1831 et à Prague pendant l'épidémie de 1846. A Paris, le choléra a sévi, en 1884, pendant les mois de novembre et décembre.

Au contraire, à la Nouvelle-Orléans, le vent du nord s'étant élevé, le froid subit arrêta en trois jours les progrès du choléra.

Influence des conditions météorologiques. — Les orages et les vents chauds sont favorables aux épidémies. En 1849, le maximum de l'épidémie a coïncidé avec un violent orage. En 1865, le choléra, jusqu'alors bénin à Marseille, acquit toute son intensité à la suite de violentes perturbations atmosphériques. En août 1854 un détachement du 45e, ayant quelques cas isolés, fut surpris par un violent siroco dans la plaine de la Metidja ; dès lors, tous les hommes furent atteints. Dignat, étudiant parallèlement les épidémies parisiennes de grippe en 1889 et 1890 et de choléra en 1884 et 1892, a constaté qu'au moment de l'apparition des deux maladies on avait pu faire les observations suivantes : 1° direction dominante des vents d'est dans les jours qui précèdent l'épidémie; 2° abaissement, au même moment, de l'influence électrique atmosphérique au-dessous de la normale; 3° écarts brusques de la température et de la pression barométrique ; 4° enfin et surtout, phénomène constamment observé, abaissement de l'influence électrique coïncidant avec une élévation de la pression atmosphérique.

Influence de l'altitude. — Les médecins militaires de l'Inde ont souvent sauvé leurs troupes en gagnant les régions montagneuses. Nos médecins les ont imités. En 1859, dans la province d'Oran, ils ont mis fin aux ravages du choléra dans un corps d'armée déjà décimé par la maladie en se portant sur les hauteurs. En Perse, pendant trois épidémies successives le camp du roi, composé de 10,000 individus, a été préservé par le séjour sur un plateau élevé. Les Alpes suisses se glorifient d'avoir toujours été préservées du choléra. Même immunité pour le Plateau central de la France, les Pyrénées, les montagnes de la Basse-Autriche. D'après Briquet (1849), l'altitude moyenne des arrondissements épargnés en France était de 320 mètres ; celle des arrondissements infectés est de 115 mètres. Dans deux tableaux dressés par Farr, nous voyons que des épidémies anglaises de 1849 et de 1854 ont fait 13 et 15 victimes sur 1000 habitants dans les localités basses, tandis que les communes élevées de 100 à 350 pieds au-dessus de la Tamise ne fournissaient qu'un ou deux décès sur 1000 habitants.

Influence des lieux. — Tous les lieux ne sont pas favorables au développement du germe cholérique. On connaît sa prédilection pour les habitations basses, humides, malpropres, sa crainte des localités aérées et salubres. Aussi n'a-t-on pas dû s'étonner de le voir rechercher plusieurs fois de suite, dans différentes épidémies, les mêmes rues, les mêmes maisons, les mêmes chambres.

A Alger, par exemple, l'hôpital du Dey a été signalé comme un foyer particulièrement redoutable. En 1835, 30 médecins ou pharmaciens y étaient frappés. En 1866, sur 63 cholériques on comptait 24 personnes attachées à l'établissement, parmi lesquelles neuf sœurs de Saint-Vincent-de-Paul. Au contraire, au fort des Anglais, où pourtant les conditions semblaient très défectueuses, le personnel attaché aux cholériques restait absolument indemne.

A Paris, l'hôpital de la Charité a eu le fâcheux privilège de voir surgir, plus que d'autres, les cas intérieurs.

Les établissements fermés (bagnes, prisons, maisons centrales, asiles d'aliénés, maisons religieuses) ont été tantôt très atteints, tantôt complètement respectés. Plusieurs fois l'évacuation des locaux dut s'effectuer.

Il ne faut pas tenir compte seulement de l'encombrement, de la misère et de la malpropreté. L'humidité a été incriminée. Dans les villes et dans les villages, les parties basses voisines des cours d'eau ont pu être constamment atteintes, tandis que les autres étaient épargnées. Le voisinage des cimetières a été considéré comme défavorable.

La question des lieux a perdu de son importance depuis le jour où l'on a compris comment la distribution d'eaux malsaines pouvait apporter le choléra aux populations trop confiantes. Dans la banlieue de Paris, l'épidémie de 1892 s'est longtemps localisée dans les communes qui recevaient l'eau de Seine prise *en aval* de Paris; les deux foyers maxima, Aubervilliers et Saint-Ouen, étaient précisément alimentés par l'eau la plus polluée, celle qu'on puisait pour ces localités en aval du grand égout collecteur de Clichy. Au contraire, partout où l'eau de Seine prise *en amont* de Paris était servie aux communes, la mortalité cholérique a été très faible. Voici les chiffres :

1° Groupe alimenté par l'eau de Seine puisée au-dessous du collecteur de Clichy : mortalité 36. 4 pour 10,000 habitants.

2° Groupe alimenté par l'eau puisée entre Paris et le collecteur de Clichy : mortalité 15.6.

3° Groupe alimenté par l'eau puisée en amont de Paris : mortalité 2.7.

Daremberg (1) pense que les irrigations faites avec les eaux d'égout ne sont pas sans influence sur la conservation des microbes dans le sol et le retour des épidémies.

Tandis que le choléra faisait rage à Hambourg, en 1892 (19,647 cas et 8,575 décès, sur 622,530 habitants), Altona, sa voisine, recevant aussi de l'eau de l'Elbe,

(1) DAREMBERG. *Le choléra, ses causes, les moyens de s'en préserver* ; Paris, 1892.

mais de l'eau bien filtrée, ne comptait, sur ses 143,249 habitants, que 572 cas et 328 décès. Wandsbeck, autre ville avoisinante, peuplée de 20,571 habitants, qui recevait l'eau pure du Grossensee, n'avait que 63 cas et 43 décès.

Influence de la perméabilité du sol. — Pettenkofer attribue les variations des épidémies, non pas à la composition géologique du sol, mais à sa nature plus ou moins compacte; un sol sablonneux, un terrain d'alluvion perméable à l'eau et aux matières organiques, voilà ce qu'il faut pour la diffusion du mal. Ce sol étant imprégné par les déjections, il s'en dégage des miasmes nuisibles. L'humidité est une cause adjuvante, parce que l'eau est le véhicule ordinaire du germe infectieux. Si les localités élevées sont épargnées, c'est grâce à la déclivité du sol, qui porte les germes de la montagne vers la plaine. Le sous-sol des habitations est-il compact, le choléra ne se propage pas épidémiquement. C'est à l'état compact du soussol qu'il faut attribuer l'immunité singulière de l'un des côtés d'une rue, dont les numéros pairs sont respectés, tandis que les numéros impairs sont atteints.

Si l'influence du sous-sol était décisive, on comprendrait mal comment certains châteaux construits sur le roc ont été envahis par le choléra; on comprendrait mal comment, à Helsingfors, en 1848, les parties de la ville bâties sur le granit ont été cruellement traitées par le choléra, tandis que les parties marécageuses ou voisines du rivage étaient respectées.

Les variations de la nappe d'eau souterraine, moins influentes sur le choléra que sur la fièvre typhoïde, et les expériences de Hueppe et Wood nous occuperont au chapitre des microbes.

Influence des races. — Ici, tout le monde n'est pas d'accord; tandis que les uns prétendent qu'aux Indes e choléra sévit spécialement sur les indigènes, les autres considèrent les étrangers comme plus exposés à la maladie. La seule chose qui apparaisse nettement, c'est la mortalité élevée chez les nègres, soit en Afrique, soit aux Antilles, soit en Amérique. En 1866, à la Pointe-à-Pître, 1,304 nègres ont succombé, tandis que les militaires et les marins du commerce étaient indemnes. A la Basse-Terre, les troupes noires ont perdu 125 hommes sur 1,000, tandis que l'infanterie blanche ne perdait que 40 hommes et l'artillerie blanche 31. Aux Etats-Unis, en 1866, la mortalité des troupes blanches était de 77 pour 1000, celle des troupes noires de 135 pour 1000.

Influence du sexe et de l'âge. — On a dit que les femmes étaient plus souvent atteintes que les hommes, mais guérissaient plus fréquemment. Voici cependant, en 1854, une mortalité cholérique de 8.02 pour 1000 chez les hommes et de 7.78 chez les femmes. Dans les hôpitaux civils, le nombre des hommes traités pour le choléra a presque toujours été supérieur à celui des femmes. Mon service, en 1892, a reçu 234 hommes et 166 femmes.

Les enfants à la mamelle sont généralement épargnés. Chez les autres, il n'y a pas de prédisposition spéciale. En 1854, en France, les personnes de 0 à 20 ans ont donné 18 pour 100 des malades; celles de 20 à 40, 56 pour 100; celles de 40 à 60, 24 pour 100. Les vieillards débiles et cachectisés offrent au fléau des proies faciles.

Influence des professions. — Le personnel des hôpitaux qui reçoivent les cholériques est particulièrement exposé. A Moscou, en 1830, on a compté dans ce personnel 30 ou 40 atteintes pour 100, tandis que la population civile ne fournissait qu'un chiffre de 3 pour 100. A l'hôpital de Bromberg (Berlin), en 1831, 54 malades sur 115 employés. A Toulon, en 1849, 51 décès sur 179 infirmiers militaires, pendant que, dans la garnison, on ne comptait qu'un décès sur 15 hommes.

En 1892, à Paris, plusieurs décès dans le personnel hospitalier.

Voici l'intéressant relevé fait, la même année, par Ratjen, à Hambourg : dans les baraques ouvertes spécialement à l'hôpital Marie (1,529 cholériques), le personnel n'a pas fourni un seul cas ; à l'ancien Hôpital général, 19 cas, 7 décès ; au nouvel Hôpital général, 19 cas, 4 décès ; au lazaret de la rue Stresow, 2 cas, 1 décès. Sur 170 porteurs dirigés par la police, 6 cas, 1 décès.

Inutile d'insister sur le nombre des victimes faites par le choléra dans le corps médical civil et militaire. Ce nombre n'a pas été considérable en 1832, à Paris : 20 médecins seulement sur 1,100 ont succombé ; à Toulon, en 1842, 30 atteintes et 5 décès parmi les 35 officiers de santé de la marine.

On a cité comme particulièrement exposés à la contagion les fossoyeurs, les chiffonniers, les blanchisseurs. Le linge des cholériques a causé de nombreux méfaits. En 1873, Drasche a signalé dans la blanchisserie de Dornbach, qui recevait le linge des trois hôpitaux civils de Vienne, 13 cas et 7 décès sur un personnel de 80 femmes et 20 hommes ; hors de l'établissement, dans le village, plusieurs personnes ont été atteintes.

Dans l'armée, le choléra s'est montré parfois très meurtrier (en Crimée, par exemple), parfois très bénin. De même dans la flotte. On conçoit facilement les effets de la fatigue, des privations, de l'encombrement, des souffrances physiques et morales.

Influence des maladies. — Ce que j'ai dit de la misère, de la malpropreté, du défaut d'hygiène, je puis le répéter à propos des états pathologiques. Les maladies aiguës semblent éloigner le choléra ; au contraire, les affections chroniques l'attirent. Les tuberculeux, les cancéreux, les alcooliques sont souvent frappés et résistent mal. Briquet et Mignot ont relevé 448 cas chez les malades hospitalisés en 1849 à la Charité. Depuis cette époque, la création de services d'isolement a singulièrement modifié les choses ; les cas intérieurs sont devenus exceptionnels en 1892. La convalescence des maladies aiguës et graves doit être, en temps d'épidémie, l'objet d'une sollicitude spéciale.

J'ai recherché (1) dans quelle mesure une fièvre typhoïde *antécédente* pouvait prédisposer au choléra. Sur 173 cholériques interrogés à ce point de vue, 41 (25 hommes et 16 femmes) m'ont fourni une réponse positive. Parmi ces 41 malades, 3 seulement avaient eu la fièvre typhoïde dans l'année qui a précédé l'atteinte cholérique ; le dernier n'était guéri de la dothiénentérie que depuis un mois quand il fut apporté dans mon service, où, d'ailleurs, il trouva la guérison. Donc, la fièvre typhoïde antécédente ne semble pas prédisposer au choléra. Elle ne peut être accusée davantage d'aggraver la situation des cholériques : sur les 41 sujets dont j'ai parlé, 22 ont guéri, 19 ont succombé ; cette proportion n'est pas très éloignée de celle de ma statistique générale, puisque la mort a frappé 50 pour 100 de mon effectif total.

De la constitution épidémique. — Sans exagérer, comme on l'a fait, le rôle des constitutions médicales, on peut dire que la survenue des grandes épidémies de choléra est précédée ou accompagnée, en général, d'une recrudescence des affections endémiques. Celles-ci deviennent à la fois plus fréquentes et plus graves, et, en outre, elles se compliquent souvent de phénomènes cholériformes.

Même au cours des épidémies cholériques d'intensité moyenne, la fièvre typhoïde, par exemple, subit une influence manifeste.

En 1873, à Paris, Ernest Besnier a noté, dans son rapport sur les maladies régnantes des mois de juillet, août et septembre, que l'exacerbation saisonnière habituelle de l'endémo-épidémie typhoïdique avait coïncidé avec l'apparition du choléra. D'après lui, le

(1) L. GALLIARD. *Choléra et fièvre typhoïde* (Soc. méd. des hôp. de Paris, janvier 1893).

nombre des atteintes n'avait pas dépassé le chiffre des
années moyennes ; mais la mortalité, dépassant le
niveau moyen du trimestre correspondant des autres
années, c'est-à-dire 27 pour 100, s'était élevée à
33 pour 100.

A la même époque, Libermann, médecin du Gros-
Caillou, notait chez ses typhiques, généralement ady-
namiques, la diarrhée profuse, la tendance au refroidissement, à la cyanose, au collapsus.

En 1892, nous avons vu la fièvre typhoïde, jusquelà très discrète, causer 30 décès à Paris, du 18 au
24 septembre (au lieu de 19, chiffre moyen), et le
nombre de décès par dothiénentérie se maintenir,
jusqu'au mois de novembre, au-dessus de 20, c'est-
à-dire dépasser légèrement le chiffre moyen des
autres années, pour s'abaisser enfin à 7, du 6 au 12
novembre.

En 1885, au Tonkin, Demmler a vu l'état des soldats
atteints de dysenterie et de diarrhée s'aggraver au moment où arrivaient à l'hôpital les premiers cholériques.

Ce n'est pas tout. Les grandes épidémies sont
précédées d'une série d'états morbides plus ou moins
déterminés qui leur constituent en quelque sorte des
prodromes ; il y a, pour les épidémies comme pour les
individus, des symptômes avant-coureurs.

Faut-il voir là comme un souffle précurseur de la
tempête ? Faut-il penser, au contraire, que, sans
l'ensemble des circonstances qui créent l'opportunité
morbide, l'importation cholérique demeurerait vaine
et inoffensive ? Faut-il croire que, s'il ne trouve un
terrain pathologique convenablement préparé, le
germe du choléra soit inhabile à se développer ?

Le 31 mars 1893, Ernest Gaucher apportait à la
Société des hôpitaux de Paris l'observation d'un
homme de soixante-huit ans, qui venait de succomber
à l'hôpital Saint-Antoine ; les signes cliniques et la
démonstration des bacilles virgules dans les selles
séreuses à grains riziformes permettaient d'affirmer,

dans ce cas, le choléra vrai. Pourquoi donc ce cholérique frappé en plein faubourg Saint-Antoine, c'est-à-dire dans un quartier souvent propice aux épidémies, est-il demeuré solitaire ? Pourquoi n'a-t-il pas constitué un centre de rayonnement ?

On peut répondre en empruntant à Pettenkofer les arguments à l'aide desquels il expliquait l'échec d'une expérience tentée très courageusement sur soi-même, à Munich, à l'aide de bacilles expédiés de Hambourg. « Le bacille, disait-il, est comme la levure qui ne peut produire l'alcool qu'en présence de certains sucres ; l'étiologie du choléra est une équation à trois inconnues : X est le germe spécifique, diffusé par les relations humaines, Y est quelque chose qui dépend du lieu et du temps et Z est la prédisposition individuelle. » Et il ajoutait : « Mon expérience, inoffensive à Munich, aurait pu être fatale à Hambourg, car dans cette ville, à côté de l'X asiatique, il y avait la prédisposition de lieu et de temps. »

Donc, pour créer une épidémie, le bacille ne suffit pas, les toxines ne suffisent pas, la prédisposition individuelle ne suffit pas ; il faut encore ce *je ne sais quoi*, il faut cette inconnue dont nous cherchons à dévoiler la mystérieuse personnalité et qui raille notre ignorance.

« Vérité en deçà des Pyrénées, erreur au delà ! » Irrésistible puissance sur les rives de l'Elbe, dérisoire faiblesse aux bords de l'Isar ! Qui nous donnera la clé de l'énigme ?

III. — LES SYMPTOMES

Bouillaud (1832) ne décrivait que deux périodes : la période algide et la période de réaction.

Gendrin (1832) en admit cinq : 1° période d'invasion, dite phlegmorrhagique ; 2° période d'état, dite cyanique ;

3° période d'extinction ou de terminaison funeste, dite asphyxique ; 4° période de réaction ou de coction ; 5° période de terminaison.

Briquet et Mignot (1850) distinguèrent quatre périodes : 1° celle d'invasion ou de diarrhée ; 2° celle d'accroissement ou de phlegmorrhagie ; 3° celle d'état ou d'algidité ; 4° celle de réaction ou de terminaison.

L. Laveran (1871) simplifia le tableau clinique en acceptant, après les prodromes : 1° la période phlegmorrhagique ; 2° la période algide ; 3° la période de réaction.

Je suivrai l'exemple de cet auteur. Mais d'abord il s'agit d'envisager l'incubation et les prodromes.

INCUBATION. — Quelle est la durée de l'incubation ? Thoinot admet qu'elle se réduise parfois à trois ou quatre heures et qu'elle ne dépasse jamais une semaine. Rumpf considère comme durée minima une journée ; il a pu attribuer d'une façon certaine, dans un cas, le début de la maladie au quatrième jour de l'incubation. La conférence de Constantinople a admis pour cette période une durée de quelques jours.

Rien n'est plus difficile que de savoir, en général, combien de temps le germe cholérique a sommeillé dans l'organisme humain. On sait que le bacille virgule peut exister chez des individus atteints de diarrhée légère et même chez des sujets parfaitement sains en apparence.

PRODROMES. — Dans le choléra grave et spécialement dans les formes foudroyantes, les prodromes manquent souvent. J'ai signalé la chose, après d'autres, dans ma description de l'épidémie parisienne de 1892, et la même remarque a été faite à Hambourg. C'est généralement au moment où l'épidémie bat son plein que les phénomènes prodromiques ont le plus de peine à se caractériser ; ils sont plus nets au début et à la fin.

Lorsque les prodromes existent, on observe du malaise, des vertiges, de la courbature, de l'inappétence, des bourdonnements d'oreilles, de l'accélération du pouls, de l'oppression, de l'anxiété respiratoire et surtout des désordres intestinaux.

La *diarrhée prémonitoire* a joué un rôle considérable dans les relations écrites depuis 1832, et aussi, grâce à l'insistance de Jules Guérin dans les discussions académiques. On l'a confondue avec la *cholérine*. Ce mot doit être réservé pour la désignation du *choléra léger* ou bénin, c'est-à-dire d'une maladie qui, à moins de complication insolite, ne se transformera jamais en choléra grave. Quand on a traité avec succès une cholérine, il ne faut pas se flatter d'avoir jugulé une diarrhée prodromique vraie : le triomphe serait trop facile.

Les évacuations alvines surviennent toutes les heures ou toutes les deux heures, d'abord fécaloïdes, odorantes, verdâtres ou noirâtres, puis bilieuses, enfin séreuses, rarement sanguinolentes. Il y a en même temps des coliques, de l'abattement, de la torpeur intellectuelle ; absence complète de fièvre, soif déjà vive, conservation de l'appétit, ballonnement modéré du ventre. L'urine est rare.

La durée des prodromes ne peut guère être supérieure à six jours ; elle est en moyenne de trois jours, parfois réduite à un ou deux jours.

1° Stade d'invasion ou de phlegmorrhagie.

La *diarrhée* mérite ici la place d'honneur. C'est le plus important des phénomènes de cette période ; le *choléra sec* est rare. Annoncée par des prodromes ou survenant inopinément, la diarrhée se manifeste en général la nuit. Les malades se lèvent en grande hâte et, sans effort, vident très rapidement leur intestin. Les débâcles succèdent aux débâcles. Toutes les dix ou quinze minutes, le flux diarrhéique se reproduit, de telle sorte qu'en vingt-quatre heures la quantité de liquide évacué atteigne parfois 6 ou 7 litres (Lorain). Lorsque les malades n'ont pas la force de quitter le lit ni même de se soulever sur leur couche, on les trouve littéralement baignés dans leurs déjections. Les matières sont décolorées ou blanchâtres, chargées de flocons, dépourvues de l'aspect fécaloïde et partant inodores. Lorsqu'on les examine dans un bassin plat, on voit qu'elles contiennent des particules demi-solides, mêlées à des mucosités, ressemblant à des grains de riz et témoignant de la desquamation de l'intestin grêle. Les grains riziformes existent surtout dans la diarrhée séreuse, mais peuvent se montrer aussi dans les selles bilieuses : Peter a noté le fait. Rarement les matières sont sanguinolentes à cette période.

Lorsqu'on laisse reposer les matières dans un verre à pied, on voit les grains et les flocons se déposer au fond. L'examen histologique montre dans le dépôt des leucocytes, des cellules épithéliales normales ou modifiées, des cristaux d'acides gras ; on y trouve aussi des micro-organismes et spécialement le bacille virgule de Koch.

Après filtration, la sérosité transparente que Becquerel voulait assimiler au sérum sanguin contient, en réalité, des traces d'albumine, une très faible proportion de chlorures, de lactates et de sulfates alcalins, ainsi que des phosphates (Papillon). L'acide azotique détermine dans le liquide, à chaud, une coloration violacée ou pourpre.

La diarrhée s'accompagne de *coliques* douloureuses et de borborygmes. Le ventre est affaissé, mou, dépressible. Dans la fosse iliaque droite, on trouve du gargouillement.

Les *vomissements* peuvent ouvrir la scène, mais en général ils succèdent à la diarrhée. Ils peuvent se produire sans effort ou s'accompagner, au contraire, de vives souffrances, de *hoquet*, de *crampes gastriques* pénibles. Les matières vomies, d'abord bilieuses, jaunâtres ou porracées, deviennent souvent aqueuses, incolores ; sérosité, liquides ingérés, grumeaux grisâtres, tout se mélange. L'intolérance gastrique est en rapport avec la gravité du choléra. La sérosité vomie contient des traces d'albumine ; elle est d'abord acide, puis alcaline. C'est dans les cas où la réaction en était alcaline que Koch y a trouvé des bacilles virgules, probablement refoulés par l'intestin. Elle contient, d'après Alt, une toxalbumine. Je ne parle pas des hématémèses, rares à cette période.

Les *crampes musculaires*, siégeant surtout aux mollets, ne manquent jamais dans les cas graves. Elles reviennent par accès et causent de véritables tortures aux malades. Il suffit de la plus minime excitation pour susciter les paroxysmes. Babinski (1) a montré que, si les crampes faisaient défaut (cas légers et choléra décroissant), on pouvait toujours les provoquer à l'aide des courants faradiques. Dans le choléra dit *spasmodique* (Magendie), elles s'étendent aux pieds, aux cuisses, aux mains, aux avant-bras, au tronc ; on voit les membres se fléchir brusquement, tandis que le masque facial exprime d'indicibles souffrances. Les crampes peuvent se propager au diaphragme.

J'ai attiré l'attention sur un phénomène généralement négligé, qu'il convient de rapprocher des crampes : le *resserrement douloureux des bourses.*

La *soif* est ardente, insatiable. Les malades demandent des boissons froides, de la glace. Les boissons chaudes sont instantanément vomies. L'inappétence pour les aliments est complète.

La *langue* est large, plate, plus ou moins chargée, avec tendance au desséchement.

(1) Babinski (Soc. méd. des hôp. de Paris, 2 déc. 1892) a cité trois malades chez qui les crampes auraient précédé tout autre symptôme.

Le *pouls* est fréquent, petit, filiforme, bien que les contractions cardiaques ne semblent pas encore très affaiblies.

Le *facies* des malades est déjà caractéristique : amaigrissement de la face, nez pincé, yeux cerclés de noir et excavés, joues creuses. Il y a en même temps un état de *prostration*, d'affaissement, d'anéantissement qui frappe tous les observateurs.

La *voix* est cassée, faible. Déjà la dyspnée commence, la respiration s'accélère. Souvent, on note des bourdonnements d'oreilles et même de la surdité.

La *peau* est sèche (quelquefois on voit perler des sueurs), glacée au niveau des extrémités. La température axillaire se maintient encore aux environs de 37°, la température rectale ou vaginale à 38° en moyenne.

L'urine est peu abondante.

La durée de cette période est de quelques heures au minimum, de trois jours au maximum, en moyenne de vingt-quatre heures (Briquet et Mignot).

2° Stade d'algidité.

Ici, tous les phénomènes de la précédente période, sauf peut-être les vomissements et la diarrhée, s'exaspèrent. Le facies devient absolument caractéristique.

D'abord on constate une teinte grisâtre ou plombée des téguments, qui peut persister jusqu'à la fin (choléra blème) ; puis la *cyanose* s'affirme, surtout aux extrémités, au nez, aux lèvres, à la langue, à la verge. Le tronc et les membres se couvrent de plaques bleuâtres, à contours irréguliers, d'étendue variable, ou de marbrures violacées ou même de véritables ecchymoses (choléra bleu, choléra cyanique).

L'*amaigrissement* fait d'effrayants progrès ; les tissus fondent, la peau se ratatine et perd son élasticité. Les doigts s'effilent, les ongles noircissent, les yeux se dessèchent. *Le cholérique se cadavérise.*

L'*algidité* se manifeste surtout au niveau des extrémités, mais tout le corps est glacé et, comme les chairs résistent à la main qui palpe, il semble qu'une statue de marbre se soit substituée au patient. La langue est froide et collante, la salive absente, l'haleine refroidie.

Que dire des mensurations thermométriques? Aux mains et aux pieds, Magendie a noté 18° C. et 21°C. Dans la bouche, Lorain n'a jamais trouvé plus de 37°, jamais moins de 25°. Dans l'aisselle, la température minima fut, chez ses malades, 33°; la température maxima, 39°. Demmler a vu souvent le thermomètre placé dans l'aisselle marquer 39° chez les cholériques algides d'Haïphong.

L'*algidité centrale* peut coïncider avec l'algidité périphérique. Chez les malades de Lorain, le thermomètre mis dans le rectum ne s'est pas abaissé au-dessous de 34° C. J'ai noté, chez un cholérique, 32°, Hayem 30°. Les températures rectales basses ne sont pas aussi rares que l'admettaient Zimmermann, Charcot et Lorain; mais, en général, c'est entre 36° et 37° que les oscillations se produisent.

L'*hyperthermie centrale*, coïncidant avec l'algidité périphérique, est aussi fâcheuse que l'hypothermie. Lorain a noté cinq fois 40°. Hayem n'a pas vu le thermomètre, placé dans le rectum, marquer plus de 40°,2 à la période algide. J'ai noté 41°,5 une heure avant la mort, chez un enfant de quatre ans, emporté en deux jours. Guterbock parle d'une femme de vingt et un ans qui eut 42° une heure avant de mourir.

Quelques auteurs ont considéré l'hyperthermie centrale pré-agonique comme une manifestation réactionnelle (réaction congestive). Il importe de ne pas dérober au stade d'algidité ce phénomène, que d'ailleurs on retrouvera plus tard, et qui, ici, semble un peu déconcertant; l'authenticité en est absolue.

Lorsqu'on pratique la transfusion intra-veineuse

chez les cholériques en état de collapsus algide, dont
la température centrale est élevée (au-dessus de 38°,
d'après Hayem), on voit la réaction artificiellement
produite par cette opération s'accompagner d'un léger
abaissement thermique. Pour que le succès définitif
soit acquis, il faut que l'élévation thermique préopé-
ratoire soit peu considérable ; j'ai noté au maximum
38°,6 et 38°,9, dans ces conditions, chez des cholériques
qui ont guéri.

Lorsqu'il y a préalablement, au contraire, hypothermie centrale *non excessive*, la température s'élève
après l'opération. La plus basse température rectale,
notée par moi avant la transfusion, dans la série des
cas heureusement terminés, a été de 35° ; dans un cas
favorable d'Hayem, 34°,4.

Le *pouls* radial cesse de battre ; le sphygmographe
ne donne qu'un tracé à peu près horizontal (Lorain) ;
la suppression du pouls radial coïncidant avec l'état
de collapsus algide a une signification pronostique
des plus graves. On peut l'observer cependant sans
collapsus. Chez une cholérique tuberculeuse de mon
service, cyanosée, algide, mais sans collapsus, le pouls
radial a été supprimé pendant quelques heures ; la
malade a cependant atteint la période réactionnelle
sans subir la transfusion intra-veineuse ; elle n'a succombé qu'au bout de plusieurs semaines.

Le *cœur* s'affaiblit comme le pouls, mais plus lentement que lui. A l'auscultation, l'un des bruits se supprime. Il existe un remarquable désaccord entre la
force apparente du cœur et celle de la diastole arté-
rielle. L'impulsion cardiaque semble parfois encore
assez énergique au moment où l'*asphygmie* se manifeste.

Jules Besnier a considéré l'asystolie cardiaque
comme pouvant être un phénomène primitif (forme
asystolique) en l'absence de troubles respiratoires et
de phénomènes nerveux.

Les *vaisseaux capillaires* se vident ; les plaies faites

à la peau ne fournissent plus une goutte de sang.

A l'arrêt de la circulation capillaire et à la pro-duction des plaques cyaniques de la peau il faut ajouter les petites *eschares* qu'on voit survenir très rapidement à la verge, au nez, aux oreilles.

Les glandes sudoripares conservent seules, dans cet arrêt fonctionnel si voisin de la mort, une certaine activité ; des sueurs épaisses et visqueuses couvrent la face.

L'*anurie* succède à l'oligurie. D'après Lorain, il y aurait toujours quelques gouttes d'urine excrétées, et, d'ailleurs, à l'autopsie des anuriques, on trouve souvent une petite quantité de liquide dans la vessie. Mais peu importe. L'anurie est un des symptômes caractéristiques du choléra grave. Si certains sujets succombent sans avoir jamais cessé d'uriner (Rumpf), il faut considérer leur fait comme exceptionnel. Lorain cite un homme de cinquante-quatre ans, enlevé en quinze heures et qui, peu d'instants avant de mourir, se leva pour uriner à terre abondamment. L'urination préagonique des sujets anuriques pendant plusieurs jours doit être rapprochée de la réapparition du pouls radial chez les moribonds ; ces phénomènes ne sont pas nécessairement liés à l'élévation de la température centrale ; aussi, ne peut-on voir là un ensemble réac-tionnel.

J'ai noté plusieurs fois le ténesme vésical chez des malades anuriques. Une de mes patientes me suppliait de la sonder.

L'*aphonie* est complète.

La *dyspnée* excessive est un des traits caractéris-tiques de cette période. Victimes de l'anoxémie, les cholériques ont soif d'air ; ils sont angoissés, ils asphyxient. Les troubles respiratoires marchent paral-lèlement à la cyanose (choléra cyanique, choléra asphyxique). Les mouvements respiratoires sont accé-lérés : on en compte jusqu'à 40 ou 45 par minute. Ils sont, en outre, saccadés, souvent irréguliers et inégaux.

A la suite d'une inspiration forcée, un repos, puis une expiration brusque et courte (Marey). Dans la forme dite spasmodique du choléra, la détresse respiratoire se combine avec les manifestations nerveuses.

A l'auscultation, rien de spécial, sauf dans les cas très rares où se produit, à cette période, la broncho-pneumonie.

L'air expiré par les cholériques est remarquablement pauvre en acide carbonique ; ce gaz se réduit aux deux tiers de sa proportion normale (Davy). Rayer et Doyère ont montré que la consommation d'oxygène diminuait progressivement jusqu'à la mort. L'hématose est suspendue. Les globules rouges du sang, d'après l'expression d'Hayem, sont paralysés dans leur fonctionnement.

La *diarrhée* et les *vomissements* peuvent être supprimés à cette période, ainsi que les coliques ; mais souvent ces phénomènes persistent jusqu'à la fin. On note aussi le *relâchement du sphincter anal* et le *hoquet ;* ce dernier signe appartiendrait seulement, d'après certains auteurs, à la fin de la période algide.

Les *crampes* se manifestent le plus souvent pendant toute la durée de cette période, variables d'intensité. On a observé aussi la constriction des mâchoires, la raideur du cou et des membres, la tétanie, les convulsions, les accès épileptiformes.

L'*agitation* est fréquente. Certains malades se contentent de se plaindre et de gémir ; d'autres ont de la jactitation, du délire de paroles, des hallucinations de la vue et de l'ouïe ; atteints de délire d'actions, ils cherchent à se lever, à quitter la chambre. Rarement le délire est violent à cette période. Les cholériques algides délirants ne tardent pas à arriver à l'inconscience et au coma mortel.

Plus habituelle est la *somnolence*, l'apathie, la torpeur intellectuelle sans perte de connaissance absolue.

Les cholériques en état de *collapsus algide* sont

indifférents à tout ce qui se passe autour d'eux ; les pupilles sont habituellement resserrées, l'œil est terne, la cornée desséchée. Ces malades peuvent succomber dans le coma, ou rester conscients pendant l'agonie, ou enfin survivre au stade d'algidité.

La durée de la période algide, réduite parfois à quelques heures, est, en moyenne, de vingt-quatre heures. Elle peut atteindre trois ou quatre jours. Quand elle se prolonge davantage, c'est rarement sans être interrompue par des essais de réaction abortive.

3° Stade de réaction.

Lorsqu'on parcourt les descriptions des auteurs, on est frappé de la confusion que semble avoir créée ce mot de *réaction*.

Ils ont été obligés de lui annexer des épithètes à l'infini : franche, vive, régulière, irrégulière, complète, incomplète, faible, lente, adynamique, typhique, traînante, comateuse, etc.

Sommes-nous donc si pauvres que nous ne possédions d'autres vocables pour désigner soit le relèvement fébrile, soit la restauration apyrétique de l'organisme, soit même le déclin, la progression lente sur la pente fatale de l'hypothermie ?

N'avons-nous qu'une cloche pour annoncer la guérison et pour sonner le glas funèbre ?

« La période urémique, écrit Bouchard, est ce qu'on a désigné si longtemps sous le nom de période de réaction, la température extérieure étant moins basse, c'est-à-dire l'équilibre s'établissant entre les températures rectale et périphérique. *Singulière réaction* où apparaît la torpeur, au lieu des spasmes, et où l'on ne peut noter que l'indifférence de tout le système nerveux ! Ce n'est qu'en violentant la signification des mots qu'on a pu baptiser ainsi cette période. »

Et d'abord qu'est-ce, en réalité, que la réaction?

Alquié, dans le *Précis de la doctrine médicale de l'école de Montpellier* (1846), définissait la réaction : un mouvement, un acte opposé à une action morbifique.

Dans un sens plus large et en mettant à part toute idée de doctrine, on a considéré comme réactionnel tout acte consécutif à ce qui peut influencer l'être vivant, que cet acte soit utile, indifférent ou nuisible (Bernheim, *Dict. encycl.*). Si nous nous rallions ici à cette définition, je ne vois pas pourquoi nous ne parlerions pas de réaction à toutes les périodes du choléra, et même au stade d'algidité.

Il est certain qu'en clinique, et surtout lorsqu'il s'agit de caractériser non pas un phénomène isolé, mais une phase importante de telle ou telle maladie, nous avons tendance à voir dans la réaction un processus favorable, puisqu'en présence d'un malade qui réagit nous concevons immédiatement la possibilité d'une intervention thérapeutique efficace.

Lorsque, armé du thermomètre et du sphygmographe, Lorain s'efforça de substituer aux évaluations vagues des mesures précises, une de ses préoccupations fut de définir la réaction du choléra : « La réaction est un mot, écrivait-il dans ses *Études de médecine clinique et de physiologie pathologique*, sur le sens duquel il faudrait qu'on s'expliquât..... Qui dit réaction dit, en style de clinicien, la cessation des signes de l'algidité, le retour de la chaleur à la peau, à la langue, le retour des urines et l'ampleur du pouls. »

Je pourrais ajouter à cela : *l'élévation de la température centrale*, mais je sais bien que, d'une façon générale, la réaction n'est pas nécessairement *fébrile*, bien que cette épithète lui soit souvent associée. Dans le choléra, on a admis avec raison une *réaction apyrétique*. C'est même l'apyrexie qui, d'après Desnos, caractérise la réaction franche, et Jaccoud déclare que la réaction fébrile est la plus rare de toutes les réactions du choléra.

Les cholériques ont souvent de la peine à réaliser la synthèse réactionnelle ; souvent les phénomènes se dissocient et, lorsque nul ne manque, on remarque leur incohérence, leur défaut d'harmonie ; ou bien un de ces phénomènes s'exagère aux dépens des autres.

Voici, par exemple, le pouls supprimé pendant l'algidité et se remettant à battre avant l'agonie ; et alors, à l'autopsie, on trouve la vessie remplie d'urine, ce qui prouve bien que l'activité circulatoire n'est pas restée vaine. Lorain a cité des cas où le pouls, après s'être déprimé, tandis que la température rectale était encore de 38°, acquérait une ampleur remarquable le jour où la température rectale s'abaissait à 36°, c'est à-dire quarante-huit heures avant la mort.

Voici l'urination préagonique dont j'ai parlé, d'après Lorain.

Voici l'euphorie hâtive, le rétablissement prématuré des fonctions cérébrales, ou, au contraire, la prolongation exagérée de l'adynamie et de la torpeur intellectuelle.

Voici, enfin, les manifestations nerveuses graves et surtout l'hyperthermie.

Les mots *réaction typhoïde, état typhoïde*, reviennent souvent sous la plume des auteurs. Mais c'est en vain qu'on cherche à fixer d'après les descriptions classiques leur signification précise. Magendie, Gendrin, Bouillaud admettent l'état typhoïde lorsque les accidents nerveux coïncident avec l'état fébrile. Marrotte considère les réactions typhoïdes comme une exagération des réactions congestives. J. Mesnet cherche à s'expliquer en désignant sous le nom d'état typhoïde *ou adynamique* un ensemble de phénomènes caractérisé par la somnolence, la sécheresse de la langue, le subdelirium. Pour la plupart des auteurs, la réaction typhoïde est apyrétique, elle peut même être hypothermique.

« La période urémique, dit Bouchard, a été appelée aussi phase typhoïde, période de réaction typhoïde. Il y a dans l'état des malades quelque chose qui rappelle l'état du typhique, mais les conditions pathogéniques ne sont pas absolument identiques. »

En Allemagne, la confusion serait plus grande encore, si nous ne savions pas que le mot *Choléra-typhoïd* sert à désigner, d'une façon banale, toute réaction de choléra grave, quelle qu'en soit la forme clinique. Lorsqu'ils emploient ce terme, les médecins allemands sont préoccupés surtout de l'intoxication secondaire du choléra, urémique pour les uns (Frerichs, Leyden), urémique ou septique pour les autres (Rumpf). Ils ont soin, d'ailleurs, de distinguer dans leur *Choleratyphoïd* les formes bénignes, accompagnées de fièvre légère, et les formes graves, hypothermiques.

Puisqu'aux cholériques pseudo-typhoïsants il manque précisément ce symptôme capital, la fièvre, renonçons à une épithète susceptible de créer des confusions.

Si j'admettais, pour mon compte, un état typhoïde, ce serait non pas immédiatement après le stade d'algidité, mais à une période éloignée de ce stade et, plus exactement, au dixième jour de la maladie. Je m'expliquerai tout à l'heure sur ce point.

Je pourrais substituer, avec Jaccoud, le mot *réparation* au mot *réaction* : mais une période de réparation ne comporte guère qu'une issue favorable. Je pourrais accepter de Briquet et Mignot le titre : période de *terminaison*. En réalité le mot importe peu, et, ces réserves faites, je crois préférable de ne pas m'écarter des sentiers battus.

Je décrirai la réaction sous trois aspects principaux.

A. *Réactions régulières.* — Lorsque la réaction régulière se produit, on voit les douleurs se calmer, l'angoisse faire place à une sensation de bien-être, le visage s'animer, la circulation périphérique s'activer ; le pouls se ralentit et se relève, les crampes, les vomissements, la diarrhée s'atténuent ou cessent, l'urination s'effectue. S'il y a eu agitation, surexcitation nerveuse et insomnie, le besoin de sommeil se fait sentir ; si la somnolence a dominé la scène, le cholérique semble sortir d'un rêve. L'adynamie s'atténue rapidement, le malade ne tarde pas à devenir un convalescent.

La réaction régulière peut être apyrétique ou fébrile.

La réaction régulière *apyrétique* est assurément la plus favorable des deux. Elle est rapide ou lente.

La réaction régulière *fébrile* a ses dangers, car elle peut se transformer en réaction *congestive* et conduire à la terminaison fatale. Il faut citer comme exceptionnelle la guérison obtenue par Lorain chez un cholérique dont la température se maintint pendant sept jours au voisinage de 40° ; dans ce cas, chose curieuse, il y avait très peu d'écart entre la chaleur du rectum (39°8), celle de l'aisselle (39°6) et même celle de la bouche (39°2).

Cette variété réactionnelle ne parait pas être commune. Jules Besnier ne l'a observée que 5 fois ; Oddo 13 fois sur 866 malades à Marseille, en 1884 et 1885. En 1892, à Paris, Peter a signalé, comme une des caractéristiques de l'épidémie, l'absence de réaction typhoïde avec surélévation de la température. Siredey a fait la même remarque.

Pour mon compte, c'est en vain que j'ai recherché cette réaction idéale. Du moins je ne l'ai pas vue surgir spontanément. Elle n'a été sous mes yeux que le produit artificiel d'une perturbation thérapeutique violente : la transfusion intra-veineuse. Mais alors tout était réuni : réveil de l'individu revivifié, restitution des fonctions cérébrales, retour de la parole. retour de l'urination, et surtout relèvement du pouls radial et réaction thermique. Réaction souvent passagère, hélas ! et sans lendemain.

A Hambourg, au contraire, il semble que la réaction fébrile n'ait pas été rare.

B. *Réactions congestives.* — Il y a là un trait bien personnel au choléra et qui doit être mis en pleine lumière. La congestion peut avoir pour théâtre le poumon ; en général, la congestion pulmonaire annonce la pneumonie ou la broncho-pneumonie, dont je parlerai au chapitre des complications. Mais ce qu'elle vise surtout, ce sont les centres nerveux.

La *congestion cérébrale,* ou *fluxion méningo-encéphalique* (Galliard), ou *congestion céphalique* (Oddo), peut survenir à la suite de réactions régulières ou irrégulières ; elle peut être hâtive ou retardée. Il faut la distinguer nettement de ce qu'on a appelé réaction typhoïde et aussi de ce qu'on a désigné, à tort suivant moi (j'invoque le protocole des autopsies), sous le nom de méningo-encéphalite, ou même de réaction pseudo-méningitique.

Elle se traduit d'abord à l'extérieur par un signe qui a frappé tous les observateurs : la rougeur de la face. Cette rougeur, qui s'accompagne de l'injection des conjonctives, est parfois si vive qu'on songe à l'érysipèle. Il y a de l'exaltation, de l'agitation, puis des cris, du délire parfois furieux. On note, d'autre part, des convulsions, de la constriction des mâchoires, de la raideur du cou et des membres. La respiration, parfois brève et rapide, peut être ralentie ; j'ai compté, dans un cas, huit respirations par minute avec le rythme de Cheyne-Stokes. La langue est sèche ; la diarrhée s'arrête. Il y a de la rétention d'urine. Le pouls est dur et vibrant, souvent ralenti, parfois irrégulier.

Malgré les manifestations congestives, la température ne s'élève pas toujours ; j'ai vu des malades succomber sans que le thermomètre, placé dans le rectum ou le vagin marquât plus de 37°5 ou 38°. Parfois, l'ascension thermique s'effectue progressivement jusqu'à la terminaison fatale. Chez une femme de cinquante-quatre ans, chez qui le collapsus algide n'avait pas été assez prononcé pour faire désespérer de la guérison, j'ai vu la rougeur de la face se manifester dès le sixième jour, tandis que la température vaginale ne dépassait pas 37°6. Le huitième jour, le mercure s'éleva de 38°2 à 39° (trois heures après midi) et à 40°3 (minuit). A deux heures du matin, le neuvième jour, on notait 41°; à cinq heures, la malade succombait dans le coma.

Oddo a noté, au maximum, 39° dans l'aisselle.

Dans les réactions congestives, il ne faut guère compter sur un revirement favorable. On a cité cependant des *crises* propices. Marrotte a vu, dans un cas, la congestion cérébrale se dissiper à la suite d'un flux de diarrhée bilieuse.

Les *épistaxis*, rares chez les cholériques, se manifestent parfois dans cette forme de réaction. Oddo, qui les a étudiées avec soin, a pu leur attribuer des améliorations passagères, jamais de décongestion complète. Elles ont pris parfois des proportions inquiétantes.

C. *Réactions abortives.* — Je réunis sous ce titre les réactions incomplète, irrégulière, adynamique des auteurs. Ma description répondra *en partie* à ce qu'on a désigné sous le nom de réaction typhoïde et de réaction méningitique.

Ici, la réaction avorte. Il y a ce retour de l'algidité dont parle Lorain et qui peut coïncider avec la recrudescence des phénomènes gastro-intestinaux. Ou bien, au lieu du relèvement régulier de la courbe thermique, on voit se produire l'abaissement progressif de la température, si bien que l'hypothermie dépasse les limites atteintes pendant le stase d'algidité. Le pronostic est toujours très grave.

C'est surtout dans les cas où la maladie évolue

lentement qu'on peut saisir toutes les nuances.

J'envisagerai trois variétés de réaction abortive :

1° Celle où dominent les *phénomènes gastro-intestinaux*; c'est la seule curable.

2° Celle où domine l'*ataxo-adynamie*: accidents nerveux très accentués, délire d'actions, cris, convulsions et même crises épileptiformes dans certains cas; mort inévitable.

3° Celle où domine l'*état marastique*. C'est peut-être la plus curieuse à étudier des trois variétés. Il y a des cholériques, en effet, qui, n'ayant plus ni vomissements ni diarrhée, n'ayant ni ataxie ni fièvre, tombent dans un état qu'il est impossible de caractériser mieux, à mon sens, que par les mots : *consomption, marasme*. Quand on s'approche d'eux, on a le tableau qu'offrirait la méningite tuberculeuse : décubitus en chien de fusil, ventre en bateau, photophobie, indifférence absolue, inappétence, raie méningitique, fonte rapide des tissus. Ce qui leur manque, c'est la raideur du cou, ce sont les contractures, les paralysies, et jusqu'à la fin ils peuvent rester conscients. Cette forme m'a paru relativement fréquente chez les jeunes sujets. Une femme de mon service, ayant avorté sans effort, a été plongée pendant plusieurs jours dans cet état de marasme, où l'on peut dire que les sujets *se survivent à eux-mêmes*.

Je puis rapprocher de ma description ce passage du mémoire de Peter (1) : « Dans l'épidémie de 1892, un certain nombre de malades ont succombé, après la cessation de l'état cholérique, *sans réaction*, n'ayant plus de diarrhée, urinant à peine, ne se plaignant pas, disant même se trouver bien, quelques-uns ne parlant pas, conservant une température basse (de 35 à 36° dans le rectum) et s'éteignant graduellement au bout de cinq à dix jours, par une sorte de collapsus ou d'effondrement graduel de l'organisme. »

(1) PETER (Acad. de méd., 20 sept. 1892).

Très remarquable est le tableau tracé par Siredey (1) :
« J'ai été tout particulièrement frappé des accidents
survenus dans les formes lentes chez huit malades qui
sont morts du cinquième au onzième jour après leur
entrée à l'hôpital. Tous ces malades avaient déjà traversé avec beaucoup de peine la période algide. La
disparition des vomissements, de la diarrhée, des
crampes, de la cyanose semblait annoncer la convalescence ; quelquefois même, la sécrétion urinaire
paraissait rétablie, lorsqu'on voyait apparaître des
accidents d'un nouveau genre. Le malade tombait
dans un état d'anéantissement complet, dans une sorte
de torpeur, dans une demi-somnolence allant jusqu'au
coma. Indifférent à tout ce qui se passait autour de lui,
il refusait la nourriture et les boissons ; souvent il se
couchait sur le côté, les cuisses fléchies sur le ventre
ou sur le dos ; les yeux étaient grands ouverts, immobiles, fixes, avec une expression d'hébétude ; les pupilles, tantôt rétrécies et tantôt dilatées, tantôt iné-
gales, étaient peu sensibles à l'action de la lumière.
Interpellés à haute voix, les malades semblaient
s'éveiller brusquement et laissaient échapper quelque
brève réponse, pour retomber dans leur stupeur. Dans
deux cas, la respiration était ralentie (dix et même
huit respirations par minute), sans affecter le rythme
de Cheyne-Stokes. Le pouls restait assez fort, de fréquence variable (80 à 110), souvent irrégulier, inégal. »

Lorsque le délire se manifeste dans cette variété, il
est modéré ; on ne voit pas ces mouvements désor-
donnés, ces accès convulsifs qui appartiennent à la
variété précédente.

La mort est inévitable.

Il importe d'étudier maintenant certaines particularités de la période de réaction.

L'urine à la période de réaction. — En général,

(1) SIREDEY (Soc. méd. des hôp. de Paris, 4 nov. 1892).

l'anurie cesse au moment où commence la réaction ;
mais parfois elle survit à la période algide.

Parkes admet que l'urine reparaît le plus souvent
entre la quarante-huitième et la soixante-douzième
heure, mais que l'anurie peut durer six jours. Lorain
considère une anurie prolongée huit jours comme
extrêmement grave. Dans 580 cas de Rumpf (avec
381 décès), l'anurie a duré plus de trois jours ; elle
s'est maintenue parfois jusqu'au douzième et au quinzième jour. J'ai vu l'anurie persister dix jours chez une
femme qui a guéri cependant, douze jours chez un
homme qui a été emporté, le vingt-cinquième jour
seulement, par des accidents cérébraux.

La quantité d'urine émise est d'abord de quelques
centaines de grammes. Au bout de quatre jours, il y a
polyurie ; mais celle-ci peut être reculée jusqu'au dix-
huitième jour. Elle dure, en moyenne, quinze jours.
Lorain a noté plusieurs fois une quantité d'urine égale
à 6 litres. Dans un cas de Rumpf, après trois jours
d'anurie, la quantité d'urine émise s'éleva d'emblée
à 3 litres, avec une densité de 1020.

On conçoit que ces chiffres varient suivant les cas.

L'*acidité* devient rapidement considérable.

La *densité* de la première urine varie de 1006 à 1020
(Parkes) ; elle tombe souvent au-dessous de ce chiffre
dans la suite et revient au chiffre normal quand la
polyurie cesse.

L'*urée*, très peu abondante (5 ou 6 grammes) le
premier jour, s'accroît ensuite comme l'eau elle-même,
et, du troisième au sixième jour, elle atteint son taux
normal (Parkes). Buhl a trouvé 70 ou 80 grammes en
une seule journée. Brattler a évalué la quantité d'urée
à 57 grammes le jour où disparaissait l'albumine. Un
malade de Lorain a excrété en moyenne pendant huit
jours 144 grammes d'urée en vingt-quatre heures ; cet
auteur n'a jamais trouvé, par litre, plus de 49 gr. 70.
Nanu admet, au contraire, que, même en cas de polyurie, la quantité totale d'urée ne dépasse que rare-

ment le chiffre normal des vingt-quatre heures.

L'*acide urique* suit les variations de l'urée. Lorain, chez le malade dont je viens de parler, évaluait à 9 gr. 06 la quantité d'acide urique; ce sujet excréta donc en huit jours 72 gr. 46 d'acide urique et 1,155 grammes d'urée.

Un autre patient, ayant manifesté avant de mourir une tendance passagère à la réaction, émit 1,500 grammes d'urine; cette urine contenait, par litre, 3 gr. 50 d'acide urique et 42 grammes d'urée. Lorain n'a jamais trouvé plus de 3 gr. 75 d'acide urique par litre.

Tandis que l'*acide sulfurique* semble décroître, l'*acide phosphorique* augmente comme l'urée; du troisième au sixième jour, sa proportion atteint de 6 à 9 grammes. Le *chlorure de sodium* fait d'abord défaut, mais il reparaît le cinquième jour (Buhl) ou le huitième jour (Guterbock). On trouve dans l'urine de l'*acide hippurique* et de l'*indican*; le *pigment* normal, après avoir manqué pendant deux ou trois jours, croît graduellement. Begbie a décrit, dans les premières urines des cholériques, un pigment spécial, soluble dans l'alcool et donnant, avec les acides, une belle couleur violet pourpre; sa réaction serait la même que celle de l'uroxanthine de Heller. Il ne faut pas le confondre avec le pigment biliaire, qui se montre d'ailleurs rarement.

L'*albumine* existe dans la première urine émise, ce fait est connu depuis Hermann, de Moscou, en 1832. Elle décroît jusqu'au troisième ou quatrième jour, c'est-à-dire jusqu'à l'apparition de la polyurie.

Elle peut persister huit jours (Gubler). Rarement on note l'albuminurie chronique à la suite du choléra. L'albumine existe même quand il n'y a pas eu anurie (Rumpf). Elle a manqué dans quelques cas.

Le *sucre*, existant en grande quantité au premier et au second jour, a été signalé par Heintz, Samoje et Buhl. Il se montre avec l'albumine au début de la réaction et seul dans la réaction confirmée et avancée, a dit Gubler; la proportion du sucre peut être de plusieurs grammes par litre. Lorain a porté le premier coup à la doctrine de Gubler en montrant que l'urine des cholériques réduisait souvent la liqueur cupropotassique sans être cependant sucrée, et que, au lieu de constituer un phénomène régulier, comme l'albuminurie, la glycosurie n'était, chez ces malades, qu'accidentelle et passagère.

Au *microscope*, on trouve dans l'urine des cellules épithéliales, des cylindres hyalins ou granuleux; au début, on trouve des globules rouges (fréquents d'après Parkes, rares d'après Rumpf) et des cristaux d'acide urique; plus tard, des urates et des oxalates de chaux. Chez un malade anurique pendant trois jours, Bourcy, ayant obtenu à l'aide de la sonde 125 grammes d'urine, constata un dépôt *exclusivement* composé d'innombrables cylindres, quelques-uns hyalins ou granuleux, la plupart pâles, très longs, un peu réfringents, contournés en tire-bouchon, d'aspect celluloïde (1).

En résumé, l'analyse de l'urine montre qu'il se produit d'abord une décharge du contenu albumineux des canalicules urinifères; puis, quand ceux-ci sont libres, une *élimination compensatrice de l'inertie rénale* (Parkes), ou mieux encore une véritable déperdition de matériaux organiques (Lorain). La polyurie réactionnelle ne fait pas perdre seulement au cholérique ce que l'anurie leur avait fait économiser; elle les force à prélever sur leurs réserves. C'est pour cela que leur poids diminue.

La *rétention d'urine* se manifeste souvent dans les réactions lentes, même chez les sujets qui guérissent.

L'état fébrile du dixième jour. — Plusieurs fois, à une époque assez éloignée du début de la réaction (c'était, en moyenne, au dixième jour de la maladie), j'ai vu, chez des sujets qui ont guéri, survenir un ensemble de phénomènes importants, caractérisant en quelque

(1) Bourcy, Soc. méd. des hôp. de Paris, 4 nov. 1892.

sorte une crise de la maladie : recrudescence des phénomènes gastro-intestinaux, adynamie, muguet, ictère
dans un cas, érythème spécifique dans plusieurs cas,
et fièvre. Dans ma pensée, l'épithète *typhoïde* indique-
rait pour cette catégorie de faits un état trop grave des
malades et aussi une durée trop prolongée des accidents,
la crise à laquelle je fais allusion ne durant guère plus
de quatre jours. Je préfère donc m'en tenir à l'expression *état fébrile du dixième jour*, et, quand je décrirai
l'exanthème du choléra, je montrerai comment les
déterminations cutanées, qui appartiennent aussi en
moyenne au dixième jour, peuvent coïncider avec cet
état ou demeurer apyrétiques.

Depuis la publication du travail où j'attirais l'attention sur ce point, Manchot, de Hambourg, a fait des
remarques analogues : pendant l'épidémie de 1892, ce
médecin a noté, *du septième au onzième jour*, un état
fébrile qui, d'après lui, ne manquait jamais dans les
cas graves, existait 65 fois sur 100 dans les cas moyens
et 20 fois sur 100 dans les cas légers ; cet état fébrile
était parfois accompagné de l'érythème spécifique.

Lorsque je parle de l'état fébrile du dixième jour,
j'ai spécialement en vue les cas favorables; mais je
dois ajouter que, parmi mes cholériques décédés, il y en
a un certain nombre pour qui cette époque (commencement du deuxième septénaire) a été fatale et qui ont
succombé vers le dixième jour, avec hypothermie centrale ou avec accidents congestifs.

L'érythème cholérique. — Il a été décrit pour la première fois par Duplay, interne à la Charité, en 1832;
cet auteur signala 7 cas de roséole. Depuis Duplay,
l'exanthème du choléra fut comparé surtout à la rougeole, à la scarlatine, parfois à l'urticaire et même au
zona. Queyrat et Broca ont proposé de l'appeler *cholé-
ride*, afin de fixer sa spécificité.

Il faut se garder assurément de multiplier les formes de cet érythème (polymorphe d'après quelques-

uns) et se contenter de lui attribuer, dans la majorité des cas, les épithètes de morbilliforme ou scarlatiniforme, ou simplement papuleux. Les papules, en effet, peuvent s'offrir sous les apparences les plus diverses, rester discrètes ou devenir confluentes ; on les observe surtout aux fesses et autour des genoux, fréquemment au dos des poignets, à l'avant-bras, au cou-de-pied, à la jambe ; on voit aussi l'éruption au tronc, au cou, à la face ; elle peut se généraliser.

La fréquence de l'érythème a paru varier avec les épidémies : très grande à Brême en 1848, elle a été très modérée à Berlin en 1852. L'éruption ne s'est montrée à Vienne en 1832, dit-on, qu'à la fin de l'épidémie ; Thore l'a notée, en 1849, une fois sur 25 cas. En 1884, Duflocq l'a relevée 17 fois sur 215 malades ; en 1885 et 1886, Oddo l'a vue 45 fois sur 866 malades. D'après les chiffres que j'ai donnés de mes cas personnels, la proportion, dans mon service, a été de 1 sur 20 choleriques. A Hambourg en 1892, Hime a considéré l'exanthème comme très fréquent. Il l'a vu surtout chez les cholériques traités par la transfusion intra-veineuse. Je ne crois pas que cette opération ait à cet égard la moindre influence pathogénique ; si la coïncidence a existé, c'est parce que, d'une façon générale, l'érythème était l'apanage des formes graves ; je ne l'ai observé que dans un cas de choléra d'intensité moyenne et jamais dans les cas bénins. Précédemment, les auteurs l'avaient observé, au contraire, dans un certain nombre de cas moyens.

Tarral insiste avec raison sur la fréquence relative de l'exanthème chez la femme. Dans mon relevé de 21 cas, je trouve 13 femmes (sur un nombre total de 166 femmes) et seulement 8 hommes (sur un nombre total de 234 hommes).

A quel moment survient l'érythème ?

Laveran ne cherche pas à préciser : c'est, en général, dit-il, au moment où l'amélioration paraît se décider qu'apparaissent les éruptions cutanées.

Oddo place l'érythème entre le deuxième et le douzième jour (soit, en moyenne, le huitième jour) *après l'entrée à l'hôpital* (?)

Queyrat et Broca l'ont vu survenir une fois le huitième jour, une fois le neuvième, une fois le dixième, deux fois le douzième.

Rumpf rapporte les exanthèmes au second septénaire, sans autre indication.

Pour mon compte, j'ai noté l'érythème une fois le neuvième jour, quatre fois le dixième, trois fois le onzième, deux fois le douzième, deux fois le treizième, trois fois le quatorzième jour. Ensuite, je ne le trouve plus noté qu'une fois le seizième jour, deux fois le dix-septième jour, une fois les dix-huitième, dix-neuvième et vingtième jours.

J'ai remarqué que l'érythème retardé, c'est-à-dire survenant après le quatorzième jour, restait limité à certaines régions et n'envahissait pas, comme c'était la règle, la plus grande partie des téguments. La durée de l'érythème régulier était de trois jours en moyenne.

Dans un cas de Duflocq, l'érythème scarlatiniforme a été précédé de taches rosées lenticulaires.

L'éruption est souvent prurigineuse. Dans un de mes cas, elle a mérité le nom de pseudo-ortiée : c'était chez une femme atteinte en même temps d'ictère. La coïncidence avec l'ictère a été notée une fois aussi par Marotte.

D'habitude, il n'y a pas de fièvre. Queyrat et Broca n'ont observé l'élévation de la température qu'une seule fois sur cinq cas. J'ai déjà indiqué les relations de l'exanthème spécifique du choléra avec l'état fébrile du dixième jour, en montrant qu'il peut coïncider avec cet état fébrile, ou se substituer à lui, ou manquer quand la fièvre se manifeste. Il y a là un ensemble symptomatique qui peut correspondre à une décharge tardive des principes infectieux.

Dans mes observations, l'érythème n'a pas toujours été suivi de desquamation. Quand celle-ci existait, elle se proportionnait à l'intensité de l'éruption. Chez quelques malades, j'ai vu la peau des mains et des pieds se détacher par larges lambeaux.

Quelle est la valeur pronostique de l'érythème? Il constitue, dit Tarral, un signe de bon augure. La majorité des auteurs le tiennent pour un phénomène critique favorable. J'estime qu'il n'a aucune signification pronostique; constituant un symptôme tardif, il appartient à des sujets dont les chances de guérison sont grandes ; je ne me crois pas autorisé à dire davantage. Sur les 21 sujets qui se sont offerts à mon observation, 8 ont succombé. D'après moi, l'exanthème n'a pas plus de valeur, au point de vue du pronostic, que les taches rosées lenticulaires de la fièvre typhoïde. Hime est d'accord avec moi sur ce point.

Les autres éruptions. — Le *purpura* n'est qu'une exagération des plaques cyaniques.

L'*urticaire*, d'après les auteurs, n'est pas rare ; il peut se combiner avec l'érythème spécifique (érythème pseudo-ortié). Je n'ai constaté l'urticaire que deux fois, et, dans l'un des cas, il succédait à l'administration du menthol destiné à calmer les vomissements ; dans l'autre cas, il s'est accompagné d'une poussée fébrile. Duflocq décrit un beau cas d'érythème ortié.

La *miliaire* a été signalée par Alibert en 1832. Elle succède généralement à l'érythème scarlatiniforme.

L'*herpès* m'a paru très exceptionnel. Duflocq l'a noté dans cinq cas mortels, et chez une femme qui a guéri.

Les crises. — Dans les relations de 1832, les métastases et les crises jouent un rôle que nous devons considérer aujourd'hui comme exagéré. Il faut se garder de confondre les phénomènes réactionnels avec les manifestations critiques. Dès lors, que restera-t-il à ces derniers ?

La polyurie ne peut être tenue pour critique que si elle survient au cours d'une réaction incomplète ou irrégulière. La diarrhée bilieuse constitue une complication de la réaction plutôt qu'une crise favorable, à moins qu'elle ne vienne mettre un terme, comme dans le cas de Marrotte, à la congestion cérébrale. Les sueurs profuses ont assurément plus d'importance au point de vue critique, car on ne les observe pas au cours des réactions régulières ; mais à toute période la sudation se manifeste chez les cholériques.

Je crois avoir réduit à ses justes proportions l'importance de l'érythème spécifique. Pour ce qui concerne l'ictère, je le placerai, en dépit de l'opinion de Michel Lévy, parmi les complications du choléra bénin ou grave.

Ce n'est pas comme crise favorable que j'ai signalé l'ensemble des phénomènes du dixième jour.

Les épistaxis ne sont pas très rares; il m'a été impossible de les considérer comme critiques chez mes malades. J'ai signalé l'inanité des épistaxis dans les réactions congestives.

Les autres hémorrhagies, surtout celles des voies digestives, sont constamment défavorables et surviennent d'ailleurs à toute période.

Le flux menstruel a fait son apparition dix fois à la période de réaction chez les malades de Briquet et Mignot, et sept fois la guérison a été obtenue. « On pourrait voir là, disent les auteurs, un phénomène critique, si le flux avait devancé l'époque normale, ce qui n'a presque jamais eu lieu. » Chez cinq malades, Briquet et Mignot ont vu les règles persister pendant la période, algide ; et une fois, suspendues pendant cette période elles ont reparu au moment de la réaction.

« Le retour des règles coïncide avec l'apaisement des accidents plutôt qu'il ne les précède », écrit Laveran.

J'ai cru parfois pouvoir augurer favorablement de l'apparition des menstrues : mon attente a été trompée dans plusieurs cas.

Je ne parle pas ici des abcès, des parotidites, etc., si bien accueillis par les anciens médecins et qui pour nous trahissent une infection secondaire compliquant l'infection cholérique.

La convalescence.

Dans les formes légères du choléra, la convalescence s'établit rapidement et se termine, sans coup férir, en quelques jours. A la suite du choléra grave, et surtout lorsque la maladie a évolué lentement, il n'en est pas de même; le convalescent est un être fragile, qu'il faut traiter avec ménagement. La soif reste vive, l'appétit ne tarde pas à devenir vorace; de là cette tendance aux rechutes, provoquées par les excès alimentaires. L'extrême délicatesse du tube digestif s'est traduite à moi par des signes manifestes chez un cholérique grave qui *pendant des mois* n'a pu supporter aucune nourriture solide.

Il faut donc prévoir, chez les convalescents, la simple diarrhée, le simple embarras gastrique et même la gastro-entérite grave.

On a noté l'anémie, la tendance aux œdèmes, l'anasarque (Gillet), la polyurie sans albuminurie, la suppuration, les gangrènes (voir les complications).

Pour ce qui concerne le système nerveux, signalons la persistance des crampes douloureuses des mollets, le spasme de la glotte et surtout la *tétanie*, soit localisée aux mains, soit étendue aux extrémités, soit compliquée de contracture des muscles du tronc; la surdité et, dans un cas qui m'est personnel, la paralysie passagère de l'accommodation visuelle. J'ajoute l'adynamie prolongée, la dépression intellectuelle, l'hébétude, la démence longtemps persistante; j'ai observé cette dernière chez des vieillards. D'après Delasiauve, la monomanie ambitieuse avec troubles de la motilité, consécutive au choléra, guérit généralement.

On a signalé l'hémi-anesthésie, les paralysies localisées à certains territoires nerveux (Jaubert), l'atrophie musculaire progressive (Friedberg), les monoplégies avec amyotrophie.

La mort subite d'un convalescent a pu être attribuée à la dégénérescence graisseuse du myocarde (Bethe).

Certaines maladies aiguës peuvent éclater pendant la convalescence. Jaubert, attaché pendant trois mois à un asile temporaire qui, en 1866, ouvrit ses portes à 888 cholériques convalescents, observa 13 cas de variole, dont trois mortels, deux rougeoles chez des enfants; il n'a vu que cinq fois la fièvre typhoïde, avec deux décès. Au lieu de survenir chez les convalescents, cette maladie peut succéder aussi sans interruption au choléra et mériter alors (je crois avoir été le premier à affirmer la chose) le nom de *subintrante*; j'étudierai cette question dans un autre chapitre.

Le flux menstruel se rétablit parfois tardivement chez les cholériques convalescentes.

Les recrudescences et les rechutes.

Il faut désigner spécialement sous le nom de *recrudescence* l'exaspération des accidents gastro-intestinaux momentanément apaisés; cette exaspération, survenant pendant la réaction, peut ramener l'algidité, ainsi que je l'ai dit, et, par conséquent, faire avorter le processus réactionnel. Mais elle n'a pas toujours d'aussi graves conséquences; je le montrerai en parlant de la forme gastro-intestinale du choléra lent.

Les *rechutes* ne sont pas rares; elles se manifestent au moment où la réaction franche et régulière va céder la place à la convalescence. Elles sont dues souvent à des écarts de régime, les cholériques conservant une soif vive et acquérant un appétit vorace. Il n'y a pas de choléra à rechutes comparable à la fièvre typhoïde à rechutes. J'ai observé deux fois

la rechute mortelle : chez une femme, qui, devant
bientôt quitter mon service, s'était gorgée en cachette
de vins et d'aliments ; chez un homme qui avait
quitté l'hôpital prématurément, malgré ma défense.

Sur les 888 convalescents de Jaubert, en 1866, deux
seulement ont rechuté. Gombaut a observé six cas,
dont un mortel. Paul Guttmann a vu un malade mourir
subitement après deux jours d'amélioration.

Les récidives.

Malgré l'opinion contraire de Chauveau, les récidives ne sont pas rares au cours d'une même épidémie.
A Vienne en 1873, Drasche a observé deux ou trois
récidives chez certains sujets. Bouchard, ayant continué
le traitement par l'antisepsie intestinale chez quelques cholériques guéris, a constaté néanmoins des
récidives, en 1884. A Hambourg, en 1892, Rumpf
signale comme assez nombreux les malades deux fois
atteints. Quelques-uns de mes malades m'ont affirmé
que précédemment ils avaient eu déjà des accidents
cholériformes.

IV. — LES FORMES CLINIQUES

Je puis répéter, à propos des variétés cliniques, ce
que je disais des modalités réactionnelles. Ces variétés
me paraissent avoir été multipliées comme à plaisir
par des médecins préoccupés de mettre en relief tel
phénomène, tel accident relégué par leurs devanciers
au second plan du tableau. Lorsqu'on regarde les
choses de près, on arrive à cette conclusion que le
choléra, malgré quelques velléités capricieuses, est
resté toujours bien semblable à soi-même. Fidèle à ses

traditions dans les vagabondes migrations, il a conservé fidèlement aussi, dans la physionomie clinique, suivant le mot de Laségue, sa monotonie désespérante.

Voilà pourquoi je crois nécessaire de simplifier, autant que possible, notre description.

Admettrons-nous, par exemple, la forme pulmonaire de Chomel, la forme cardiaque ou asystolique de Jules Besnier, la forme nerveuse de Chomel, la forme spasmodique de Magendie, parce que nous voyons prédominer ici la dyspnée, ici l'adynamie cardiaque, ici les désordres nerveux ou les crampes ?

Il faut d'abord reléguer au chapitre des complications tout ce qui n'est pas partie intégrante de la maladie, la pneumonie par exemple.

Il faut ensuite tenir compte des modifications dues aux états physiologiques ou pathologiques antérieurs à l'accès cholérique.

Dès lors, que restera-t-il à faire?

Nous n'aurons qu'à séparer du choléra sporadique ou nostras, caractérisé par des microbes différents du bacille virgule de Koch (nous le retrouverons au chapitre du diagnostic), le choléra épidémique vrai, le choléra à bacilles virgules. Dans le choléra à bacilles virgules, deux formes : l'une *bénigne* (*cholérine*), *l'autre grave* ou *pernicieuse*.

A. — Choléra bénin ou cholérine.

La cholérine a été confondue à tort avec la diarrhée prémonitoire du choléra grave. Elle existe plus fréquemment sans bacille virgule, mais on sait que ce microbe peut se rencontrer dans les cas les plus légers.

Pas de cyanose, peu d'algidité, pas d'anurie. Selles simplement aqueuses, souvent bilieuses, sans grains riziformes.

La guérison est la règle. Cependant la convalescence

est souvent languissante, les complications sont possibles ; les rechutes sont à prévoir.

B. — Choléra pernicieux.

Tenant toujours le regard fixé sur le pronostic et le traitement, il faut distinguer ici les formes rapidement évoluantes, celles dans lesquelles le médecin arrive presque toujours *trop tard*, et les formes à évolution lente, celles dans lesquelles le médecin *a le temps* d'intervenir.

Comme on ne peut parler ici de cas aigus et chroniques, j'ai proposé (1) de distinguer trois formes : foudroyante, galopante et lente.

1º *Forme foudroyante.*

Le choléra foudroyant est, pour moi, celui qui tue en vingt heures au moins, quand il tue. Son début est généralement brusque ; parfois, cependant, il y a des prodromes.

Cette forme a été très fréquente dans certaines épidémies. A Jessore, en 1817, où des milliers de personnes périrent en quelques jours, on voyait des hommes tomber évanouis dans la rue et rendre le dernier soupir en quelques instants. A Allahabad, les sentinelles tombaient foudroyées. Beaucoup de malades mouraient avant d'avoir atteint les infirmeries et les hommes qui les transportaient étaient pris pendant le trajet (Laveran).

Les cholériques apportés à l'hôpital ne peuvent être admis parfois qu'à l'amphithéâtre.

L'algidité périphérique, dans cette forme, peut s'accompagner d'algidité centrale (35°, 33°, 32°, etc.), mais aussi la température centrale peut rester aux environs

(1) L. GALLIARD, *Les formes cliniques du choléra pernicieux à Paris en* 1892 (Soc. méd. des hôp., 28 oct. 1892).

de 37° ou s'élever bien au-dessus de ce chiffre. Tantôt le collapsus algide aboutit à un véritable coma, tantôt les cholériques foudroyés restent conscients jusqu'à la fin.

La transfusion intra-veineuse de sérum artificiel est parfois sans influence sur cette forme ; il est rare qu'elle ne prolonge pas la vie des malades. Je ne connais pas de procédé qui puisse, comme elle, retarder le dénouement fatal. Bien plus, c'est à elle que j'attribue, pour mon compte, trois guérisons de choléra foudroyant.

La première se rapporte à une fillette de dix ans qui, ayant dîné de très bon appétit le 8 octobre, fut réveillée à trois heures du matin, le 9, par de violentes coliques suivies de vomissements et d'évacuations alvines caractéristiques. Les accidents marchèrent de telle sorte que, le médecin étant venu à huit heures et la patiente nous ayant été apportée à onze heures du matin, la transfusion dut être pratiquée à deux heures après midi (c'est-à-dire à la douzième heure de la maladie). Réaction fébrile peu intense, 38°7 le soir ; apyrexie le second jour, puis amélioration rapide et guérison complète.

Le second cas est celui d'une femme de vingt-huit ans, qui, apportée à la douzième heure, subit la transfusion à la quatorzième heure et guérit sans fièvre. Dans ce fait, comme dans le précédent, absence de prodromes.

Le troisième de mes cholériques foudroyés guéris est un homme de trente-deux ans qui, ayant eu une diarrhée prodromique durant deux jours et des accidents graves durant quatorze heures, nous arriva de Neuilly dans un état tel que les infirmiers hésitaient pour lui entre les chambres de malades et l'amphithéâtre. Transfusé à la quinzième heure, il eut une réaction franche, suivie de l'ascension thermique à 39° ; le troisième jour, la température centrale s'abaissa à 35°8, puis l'amélioration se produisit sans incident et le onzième jour je signai l'exeat.

2 *Forme galopante.*

Ici, la durée totale excède vingt heures et ne dépasse pas cinq jours dans les cas mortels. C'est donc encore une forme rapide, mais qui laisse le temps d'agir. Elle se distingue de la précédente par la fréquence plus grande des prodromes, par l'existence plus nette du stade phlegmorrhagique, par la durée plus longue du stade d'algidité, enfin et surtout par la survenance possible, même sans transfusion intraveineuse, des phénomènes réactionnels.

On comprend que, dans cette forme, la guérison soit presque impossible à obtenir si l'on n'a pas recours à un traitement énergique. Pour qu'un choléra grave, à allures rapides, traverse les phases d'algidité et de réaction et aboutisse *en cinq jours* à la convalescence, il faut que la maladie tourne court; il faut un revirement soudain, absolument comparable, en sens inverse, à ces défaillances soudaines que j'attribue, autre part, à l'adynamie cardiaque dans des conditions déterminées.

« Le cœur est frappé, écrit Lorain, d'adynamie ; le sang est poisseux, l'organisme est épuisé de sérum. Or, tout à coup, la circulation se rétablit, le pouls bondit, la peau est rouge et couverte de sueurs. »

« Il est des cas absolument exceptionnels, dit Oddo, dans lesquels les accidents asphyxiques cessent avec une rapidité surprenante. Rien n'est plus curieux que d'assister à cette sorte de résurrection. »

Je citerai comme exemple d'une telle évolution un cholérique de cinquante ans, entrant à l'hôpital le troisième jour de la maladie, cyanosé, algide, mais *sans collapsus*, avec une température rectale de 36°7, prenant 15 grammes d'acide lactique, subissant des injections de caféine et d'éther et pouvant émettre, dès le quatrième jour, une petite quantité d'urine. Le cinquième jour, le pouls était bon, les évacuations cessaient. Le sixième jour, je supprimais l'acide lactique et j'accordais au malade un litre de lait.

Chez 24 malades atteints de choléra galopant et transfusés *in extremis*, c'est-à-dire en état de collapsus algide avec suppression durable du pouls radial, j'ai obtenu la guérison ; parmi eux, six ont subi l'opération deux fois ; chez les 18 autres une seule opération a suffi.

Dans les cas où la transfusion intra-veineuse échoue (je l'ai répétée jusqu'à six fois), la descente du tracé thermique est cependant enrayée et la terminaison fatale peut être reculée au delà du cinquième jour. Je ne parle pas ici des autres procédés qui peuvent guérir le choléra galopant, et que j'exposerai plus tard.

De même que dans la précédente forme, la réaction peut manquer. Lorsqu'elle s'effectue, les malades sont exposés aux accidents pulmonaires et cérébraux que j'ai signalés.

En tenant compte uniquement des cas graves, je puis dire que la forme galopante a été, d'après mes observations d'hôpital, la forme commune de l'épidémie parisienne de 1892.

3º *Forme lente.*

La forme lente est, d'après moi, celle dont la durée excède cinq jours dans les cas mortels.

Par exception, le choléra peut se prolonger jusqu'à la fin du troisième septenaire, et même au delà. Or il ne faut pas s'attendre à voir les trois stades de la maladie acquérir, dans cette prolongation, un développement proportionnel.

Briquet et Mignot évaluent à trois jours la durée maxima du stade de phlegmorrhagie et à plusieurs jours (?) celle du stade d'algidité. D'après ces auteurs. la réaction s'effectue d'autant plus vite que l'algidité a été moins sévère.

Donc, l'algidité grave qui, en moyenne, dure un jour, peut se prolonger pendant plusieurs jours.

Il est souvent difficile de dire exactement à quel moment se termine l'algidité.

Lorain, étudiant la durée de l'anurie, montre bien qu'elle peut survivre à la période algide ; on n'est pas autorisé à dire qu'un cholérique qui commence à uriner entre en réaction. Voici un exemple de Lorain : « Un homme, entré le 18 août en état d'algidité, manifesta *une sorte de réaction* le 21, tomba dans l'état typhique le 24 et mourut le 26. L'état stationnaire de la fonction urinaire allait ici de pair avec la persistance d'une température presque uniforme et cependant l'apparence générale nous portait à admettre d'abord l'état algide puis une tendance à la réaction, enfin l'état typhique. Il y a là une contradiction que nous ne prétendons pas expliquer. »

Lorain parle ailleurs du *retour de l'algidité*, qu'il considère comme fatale.

Il est rare que l'algidité persistant d'une façon ininterrompue pendant plus de trois ou quatre jours soit compatible avec la vie. Il y a alors réaction *esquissée*, ou réaction *hésitante*, ou réaction *irrégulière* des auteurs. L'algidité récurrente est un phénomène qui peut se montrer parallèlement à la *recrudescence* des accidents gastro-intestinaux.

Quoi qu'il en soit de cette interprétation, l'état algide existe parfois de la façon la plus nette huit jours, neuf jours après le début du choléra grave.

Chez un de mes malades, le collapsus algide a nécessité, *le onzième jour*, la transfusion intra-veineuse et la guérison a été obtenue ; dans un autre cas, l'opération a dû être faite le septième jour, et dans un troisième le huitième jour : mêmes résultats favorables. En général, l'algidité prolongée et le collapsus tardif défient tout effort thérapeutique.

Dans cette forme, trois variétés principales :

A. *Variété gastro-intestinale*. — Cette variété, la

seule curable, est caractérisée par la persistance de la diarrhée et des vomissements, et peut se terminer de trois façons différentes :

Tantôt, les malades arrivent lentement au collapsus algide, lequel est d'habitude mortel.

Tantôt, ils manifestent seulement une tendance à la réaction, puis se maintiennent dans un état d'anéantissement contre lequel notre thérapeutique est absolument impuissante, et qui aboutit, en définitive, soit à l'hypothermie, soit à l'hyperthermie avec congestion des centres nerveux, ou pneumonie. J'ai vu les accidents cérébraux et pulmonaires se manifester simultanément chez un athéromateux de cinquante-huit ans, dont j'aurai l'occasion de parler ailleurs, et qui, anurique pendant douze jours, succomba seulement le vingt-cinquième jour.

Tantôt, enfin, ils guérissent ; ils peuvent alors présenter ce que j'ai appelé l'état fébrile du dixième jour, ou encore l'exanthème spécifique, ou diverses complications que j'énumérerai.

B. *Variété ataxo-adynamique*. — Ici, l'état nerveux domine. Il n'y a que peu de fièvre, mais du délire de paroles, du délire d'actions. Bien qu'on observe là des phénomènes qui rappellent à certains égards la dothiénentérie, c'est à tort, selon moi, qu'on a parlé de réaction typhoïde. Les phénomènes d'agitation surviennent parfois au milieu d'une adynamie profonde ; chez quelques-uns, phénomènes convulsifs et même crises épileptiformes généralisées ; température pouvant s'élever à 39°. Mort inévitable dans cette variété.

C. *Variété marastique*. — J'ai décrit cette variété à propos des réactions abortives. Je n'y reviens pas.

LE CHOLÉRA CHEZ LES FEMMES ENCEINTES

Parmi les facteurs de gravité du choléra, la grossesse, si je m'en rapporte aux observations recueillies chez mes 400 cholériques, tient le premier rang. Elle doit se placer, à mon sens, avant la débilité sénile, l'alcoolisme, la tuberculose. J'ai vu guérir, en effet, des vieillards affaiblis, des alcooliques, des phtisiques, à la suite d'atteintes graves du choléra. Au contraire, chez les femmes enceintes que j'ai soignées, il a suffi plusieurs fois d'une infection cholérique modérément grave, en apparence, pour déterminer des catastrophes. Neuf femmes enceintes : deux guérisons et sept décès, voilà, dans mon service, le bilan de la grossesse (1).

Les statistiques des auteurs diffèrent peu de la mienne en général. En 1866, par exemple, Horteloup a soigné à l'Hôtel-Dieu onze femmes enceintes atteintes de choléra, parmi lesquelles neuf ont avorté : huit ont succombé un ou deux jours après la fausse couche, une est morte sans avoir eu le temps d'avorter. La même année, Potain a vu à Necker mourir deux femmes dans les mêmes conditions, l'une avortant, l'autre n'avortant pas.

Et cependant, le 10 août 1866, Moutard-Martin disait ceci : « J'ai soigné beaucoup de femmes frappées à toutes les époques de la grossesse, et le nombre de celles qui ont succombé après accouchement prématuré ou avortement a été minime. Chez une femme atteinte, huit jours avant le terme de la grossesse, d'un choléra algide qui a provoqué l'accouchement prématuré, la maladie s'est terminée rapidement d'une manière favorable. Parmi les femmes accouchant avant

---

(1) L. GALLIARD. Choléra et grossesse (*Gaz. hebd.*, oct. 1892).

terme sous l'influence de la maladie, une seule a succombé. »

Cet optimisme a surpris.

Les femmes enceintes atteintes de choléra *léger* échappent seules à l'avortement. Celles que frappe le choléra *moyen* ou *grave* avortent et meurent ; ou bien, après la mort du fœtus, elles succombent sans avoir expulsé le produit de la conception ; telle est la règle. Les cas heureux constituent des exceptions.

« C'est à la période de réaction, et non pendant l'algidité, que se produit, dit Laveran, l'avortement ou l'accouchement prématuré. »

Parmi les sept malades de ma série noire, deux seulement ont avorté : l'une le neuvième jour, l'autre le onzième jour seulement ; cette dernière a succombé huit heures plus tard, tandis que l'autre est tombée dans un état de marasme lentement mortel.

Chez les cinq autres, l'expulsion n'a pas eu lieu. Le décès est survenu le sixième, le neuvième (deux fois), le dixième, le quatorzième jour. Chose curieuse, la malade qui a fourni la plus longue carrière était phtisique ; elle a eu des oscillations thermiques ($39°2$ au maximum) qu'on chercherait vainement dans les autres observations.

Dans cette série, aucun cas de choléra foudroyant.

Lorsque la grossesse est avancée, s'il est impossible de sauver la mère pourrait-on faire quelque chose pour le salut de l'enfant ?

Il est démontré que l'enfant succombe toujours avant la mère ; on pourra donc se dispenser de pratiquer l'opération césarienne *post mortem*, comme la chose a été faite dans le cas d'Isambert en 1866. Il faudrait, si l'on se préoccupait uniquement des intérêts de l'enfant, provoquer l'accouchement prématuré ou pratiquer l'opération césarienne *de bonne heure*, c'est-à-dire à un moment où la situation de la mère n'est pas encore absolument désespérée (rappelons-nous la série favorable de Moutard-Martin).

Quel est le médecin qui osera sacrifier à ce moment
une patiente encore pleine de vie ? Je me suis trouvé
une fois, à propos d'une femme grosse de huit mois,
en présence de ce grave problème. Or, offrir, dans ce
cas, à l'enfant les chances d'un salut très hypothétique
c'était tuer la mère *à coup sûr*. J'ai pensé qu'il n'y
avait qu'une chose à faire : s'abstenir.

LE CHOLÉRA CHEZ LES NOURRICES

Si la lactation diminue la résistance de l'organisme
à l'égard des maladies infectieuses en général et du
choléra en particulier, l'influence de cet état physiologique n'est assurément pas comparable à celle de la
grossesse.

Les dix nourrices que j'ai observées au Bastion 36 et
dont j'ai fait connaître l'histoire (1) se sont comportées
en présence du choléra d'une façon *relativement* satis-
faisante. Si j'avais eu affaire à des mercenaires, le
résultat n'aurait pas dû paraître surprenant, puisque,
dans les familles, on ne conserve comme nourrices
que des femmes qu'on tient pour bien portantes et qui,
par conséquent, sont dans des conditions favorables.
Mais mes dix patientes allaitaient leurs propres enfants.
Plusieurs semblaient débilitées, surmenées. Or, malgré
ces circonstances peu propices, j'ai compté, dans ces
dix cas, six guérisons, ce qui donne un chiffre de 60
pour 100. Or, dans ma statistique générale, j'atteins
seulement le chiffre de 50 pour 100.

Et si, mettant à part deux nourrices atteintes l'une
de cholérine, l'autre de choléra de moyenne intensité,
j'envisage seulement les 8 femmes affectées de choléra
pernicieux, je trouve 4 guérisons contre 4 décès, c'est-

(1) L. GALLIARD. Choléra et lactation (*Gaz. hebd., nov.* 1892).

à-dire 50 pour 100 de guérisons, chiffre élevé, puisque, dans ma statistique générale *des cas graves*, je n'ai que 33 pour 100 de guérisons.

Je sais bien qu'il ne faut pas exagérer l'importance d'une statistique aussi restreinte. Je n'insiste sur un relevé dont le hasard aurait pu bouleverser la physionomie que pour opposer la situation relativement favorable des nourrices à la situation absolument détestable des femmes enceintes.

Un fait avait frappé avant moi les observateurs : c'est la fréquence de l'engorgement douloureux des mamelles, surtout à la période de réaction, chez les nourrices atteintes de choléra. Le flux diarrhéique du choléra qui supprime le fonctionnement du rein, qui dessèche les cavernes des tuberculeux, qui fait disparaître comme par enchantement l'hydrothorax, l'ascite, les œdèmes, se montre souvent impuissant à troubler les fonctions physiologiques des glandes mammaires. J'en ai trouvé la preuve dans plusieurs de mes cas. Chez une nourrice qui a succombé le onzième jour, l'induration des mamelles s'est manifestée avec une telle intensité qu'elle a constitué une véritable complication de la maladie.

Magendie signalait déjà la chose en 1832. Une de ses malades, récemment accouchée et atteinte de choléra mortel, eut, *pendant la période algide*, une telle distension des mamelles qu'on fut obligé d'en extraire le lait. Elle succomba au bout de quelques jours, dans le coma. A l'autopsie, on trouva les seins gorgés de lait.

Briquet et Mignot relatent l'histoire d'une femme de vingt-quatre ans qui, ayant cessé de nourrir le 9 mai 1849, et ayant eu le lendemain les seins gonflés et tendus, fut, le troisième jour. en état d'algidité ; le 12, les mamelles étaient complètement affaissées ; dès le 13, la *réaction s'opérant*, le lait recommença à les distendre, mais dix jours plus tard, quand la malade quitta l'hôpital, la sécrétion lactée était tarie.

Donc, l'engorgement mammaire peut se produire au stade d'algidité ; il est plus fréquent à la période de réaction.

C'est à cette période qu'Oddo a vu les mamelles se distendre chez deux cholériques graves qui, pendant l'algidité, avaient eu des organes complètement flasques, et qui d'ailleurs ont guéri. L'une d'elles eut une poussée de lait comparable à celle des nouvelles accouchées. Chez deux nourrices atteintes de choléra d'intensité moyenne, le lait fut, pendant le stade d'algidité, peu abondant, mais non modifié d'aspect. Ces malades eurent une réaction franche, leurs seins se gonflèrent, elles continuèrent à allaiter leurs enfants.

LE CHOLÉRA CHEZ LES ENFANTS.

Il faut se mettre en garde ici contre la confusion possible entre le *choléra infantile* et le choléra à bacilles virgules, observé dans l'enfance. Ce dernier respecte. en général, les enfants à la mamelle et se manifeste peut-être moins souvent que chez l'adulte chez les enfants non allaités.

Dans les phénomènes cliniques il y a bien peu de chose à faire ressortir.

On a noté cependant chez les enfants une prédisposition singulière aux complications cérébrales. Sur 28 enfants observés par Fernet en 1865, 18 ont succombé ; 6 sont morts pendant la période de réaction, 4 en état typhoïde et comateux, 2 avec des convulsions ; chez tous, la congestion faciale fut très marquée ; l'absence de phénomènes pulmonaires et intestinaux mérita d'être signalée.

Oddo a observé chez 4 enfants enlevés par la réaction congestive des convulsions généralisées.

L'état pseudo-méningitique, l'état marastique dont j'ai parlé, s'observent assez souvent chez les jeunes sujets.

D'après les statistiques, l'enfance paraît avoir fourni des chiffres de mortalité plus élevés que l'adolescence et l'âge mûr ; elle se rapprocherait donc de la vieillesse au point de vue de la résistance défectueuse au choléra.

LE CHOLÉRA CHEZ LES VIEILLARDS.

Les épidémies de choléra n'ont jamais eu de ménagements pour la vieillesse ; la chose est connue. Hayem a fait ressortir, dans ses statistiques, la gravité du choléra au-dessus de cinquante ans : tandis qu'au-dessous de cet âge, la mortalité, dans son service, n'était que de 30.17 pour 100 ; elle s'élevait, au-dessus de cet âge, à 56.3 pour 100. Dans mon service, l'écart a été beaucoup moins considérable.

Hayem a insisté également sur l'échec presque constant de la transfusion intra-veineuse chez les personnes âgées ; il n'avait pas obtenu de succès, en 1884, au-dessus de cinquante-cinq ans. J'ai guéri par ce procédé un homme de cinquante-six ans et une femme de cinquante-neuf ans.

Les vieillards sont souvent enlevés par le choléra foudroyant ou galopant. J'ai observé un certain nombre de fois chez eux le choléra lent à forme gastro-intestinale et même à forme ataxo-adynamique. Mais le délire est, en général, peu accentué ; l'adynamie prédomine. Il y a, d'autre part, une prolongation anormale de l'algidité, et, lorsque la réaction se produit, elle est hésitante, incomplète, abortive.

Prédisposition aux complications suppuratives et gangréneuses, aux eschares, au muguet, à l'interminable diarrhée de la convalescence ; guérison toujours très lente.

J'ai observé, comme spécial à la vieillesse, un état de démence longtemps persistant à la suite du choléra.

Les congestions cérébrales et pulmonaires ne sont pas rares dans cette catégorie de malades.

LE CHOLÉRA CHEZ LES TYPHIQUES.

« *Duobus laboribus simul obortis, vehementior obscurat alterum.* » Cet aphorisme d'Hippocrate doit être rappelé lorsqu'il s'agit d'une maladie dont la brutalité ne connaît guère d'obstacle.

Quand le choléra, a dit Griesinger, vient contrarier les maladies aiguës, il peut tantôt prendre définitivement leur place, tantôt suspendre momentanément leurs atteintes, de telle sorte qu'elles reprennent, après la disparition du choléra, leur cours interrompu.

Briquet et Mignot établissent que, si le choléra survient au cours d'une maladie aiguë, fébrile et inflammatoire, il ne fait pas explosion pendant la période d'état de cette maladie. Ce n'est, disent-ils, qu'au début ou pendant la période de terminaison; et ils citent à l'appui de cette proposition trois typhiques atteints de choléra pendant la convalescence.

Cependant, ajoutent-ils, quand l'influence épidémique a été assez forte pour l'emporter sur la maladie préexistante *qui ne fait que décroître*, les phénomènes cholériques n'obtiennent le droit de se développer qu'à la condition de s'amoindrir. Quatre typhiques en voie d'amélioration (?) ont présenté à ces auteurs des symptômes d'algidité très incomplets : chez aucun la température axillaire ne descendit au-dessous de 37°, et chez trois elle oscilla entre 38° et 40°; la cyanose fut peu apparente, le pouls affaibli, mais encore sensible et fréquent. Malgré la légèreté apparente de ces phénomènes algides, la mort survint, dans ces quatre cas, *avant que la réaction eût pu se produire.*

Si telle doit **être** la terminaison du choléra

amoindri, quel serait donc l'effet d'un choléra sans atténuation ?

Contrairement à Briquet et Mignot, Friedländer tient pour non exceptionnelle l'apparition du choléra chez des typhoïsants au stade fébrile. Il indique même qu'une chute profonde de la courbe thermique est le premier indice d'un pareil événement.

Je pourrais sans peine citer des exemples, car on sait que, dans les grandes épidémies de choléra, surtout lorsque le fléau s'attaquait aux hôpitaux, les typhiques ont été frappés sans merci.

Léon Collin, par exemple, a vu, au mois d'octobre 1873, un garçon de dix-neuf ans, atteint de fièvre typhoïde à forme thoracique, emporté en quelques heures par des accidents cholériformes, et, à l'autopsie, il a trouvé à la fois les ulcérations typhoïdiques et la psorentérie cholérique.

Bien heureusement les cas de choléra intérieur, grâce à l'hygiène, se font plus rares à chaque épidémie. En 1892, à Hambourg, Ratjen, chargé de soigner 50 typhiques dans des salles situées à 250 pas des baraquements affectés aux cholériques, a vu seulement 3 de ses patients contracter le choléra. L'invasion de la maladie était marquée par deux choses : l'abaissement de la température et la diminution du volume de la rate. Le premier des trois malades fut emporté en quatre jours. Les deux autres (un homme et une femme) eurent la vie sauve : l'homme se trouva, en définitive, simultanément guéri des deux maladies ; chez la femme, après une période de quinze jours, qui semblait devoir aboutir à la guérison, la rate revint à son état de tuméfaction préalable, la fièvre reparut, la dothiénentérie reprit son cours.

Ces malades, on le voit, ont obéi aux lois formulées par Griesinger.

Donc, le choléra peut survenir, à titre de complication, à la période d'état de la fièvre typhoïde et parfois, au lieu de se substituer définitivement à cette maladie, il se contente d'en suspendre momentanément le cours.

Ce n'est pas tout. J'ai supposé (1) que cette action suspensive du choléra pouvait s'exercer, non pas seulement à la période d'état, mais même *à la période d'incubation*. Surprenant les individus chez qui l'infection typhoïdique existe encore à l'état latent, le choléra retarderait chez eux les manifestations extérieures de cette infection ; ce serait alors pendant le décours du choléra (l'action du bacille virgule étant épuisée) qu'on verrait surgir la fièvre typhoïde.

Cette fièvre typhoïde mériterait l'épithète de *subintrante* si l'on ne tenait compte que de l'évolution symptomatique ; mais, en réalité, son germe préexistant n'aurait fait que céder le pas à un germe plus noble ou, pour mieux dire, plus impatient et plus brutal.

Mon hypothèse reposait sur l'étude attentive de deux malades.

Celui dont l'observation offre le caractère le plus précis est un homme de vingt-six ans, atteint de choléra grave à marche lente (variété gastro-intestinale) et présentant, au dixième jour, non plus cet état fébrile sur lequel j'ai insisté ailleurs, mais, à la place, un ensemble de phénomènes sévères constituant une *crise*. Cette crise, au lieu de demeurer éphémère ou brève, est aggravée et prolongée par la dothiénentérie menaçante. A partir du seizième jour, ascension thermique, oscillations régulières ; neuf jours plus tard, taches rosées lenticulaires. En tout l'état pyrétique dure vingt-deux jours. La température, il est vrai, n'atteint qu'une seule fois 39° 8 et généralement l'index mercuriel s'arrête le soir aux environs de 39° ; mais il ne m'est pas permis cependant de

(1) L. GALLIARD. *Choléra et fièvre typhoïde* (Soc. méd. des hôp. de Paris, 20 janv. 1893).

considérer cette fièvre typhoïde comme *atténuée* quand j'envisage la durée totale de la maladie, la dépression profonde de l'organisme, la lenteur de la convalescence, l'intolérance gastrique, la susceptibilité extrême de l'intestin nécessitant mainte précaution et se traduisant encore, à une période tardive, par le retour offensif de la diarrhée.

Depuis la publication de mon travail, Girode (1) a fait connaître une observation qui fournit à l'hypothèse émise par moi les bases solides de l'anatomie et de la bactériologie.

En 1892, un homme entre à Beaujon au troisième jour du choléra ; les spirilles cholériques sont abondamment démontrées dans les selles. Les jours suivants, on assiste progressivement au développement d'une fièvre typhoïde ataxo-adynamique, avec courbe thermique ordinaire, diarrhée ocreuse et taches rosées. Le malade succombe le *seizième jour*. A l'autopsie, lésions intestinales, spléniques et ganglionnaires mésentériques d'une fièvre typhoïde légitime à la période d'état ou d'augment. L'infiltration des follicules et des plaques de Peyer, et les ulcérations de ces dernières sont tout à fait caractérisées. Le bacille d'Eberth, isolé des selles et retrouvé dans les urines albumineuses pendant la vie, a été extrait du suc splénique en culture pure, et contrôlé suivant les méthodes usuelles.

Assurément, le jour où le cholérique de Girode entrait à l'hôpital, il portait en soi-même deux germes, deux microbes ; et, tandis que le bacille virgule de Koch occupait la scène clinique, le bacille d'Eberth restait derrière le théâtre, prêt à faire son entrée au premier signal.

(1) Girode (Soc. de biologie, 25 mai 1893).

LE CHOLÉRA DANS QUELQUES MALADIES AIGUES.

La *bronchite* et la *pneumonie* s'effacent presque subitement, d'après Briquet et Mignot, dès que le choléra s'est manifesté. Il n'y a plus ni toux, ni expectoration, ni dyspnée ; dans presque tous les cas, les râles sont également supprimés, pour ainsi dire, du jour au lendemain. D'ailleurs, lorsque les malades succombent, on reconnaît que les lésions anatomiques n'ont été modifiées en aucune manière par l'affection intercurrente.

Les *épanchements séreux de la plèvre* se résorbent.

Le *rhumatisme articulaire aigu* a été jugulé dans certains cas par le choléra.

Les *suppurations* se tarissent ; pour la blennorrhagie le fait a été observé souvent ; je l'ai constaté une fois de la façon la plus nette. De même, dans les services de chirurgie, on voit les plaies se dessécher.

On a vu guérir des *entérites* rebelles ; des *névralgies* cruelles, datant de plusieurs années, ont disparu comme par enchantement.

LE CHOLÉRA CHEZ LES PALUDÉENS.

On admet, en général, que les accès de fièvre palustre s'interrompent sous l'influence du choléra, pour se manifester de nouveau après la guérison de cette maladie. La chose a été observée fréquemment dans nos colonies.

Chez un homme de trente ans, qui pendant un séjour de neuf années en Afrique avait eu de fréquents accès de paludisme, j'ai noté, au moment de l'arrivée à l'hôpital, le deuxième jour, une température rectale

de 39°2. Le fait n'avait rien de surprenant, car le
transport à l'hôpital m'a paru plusieurs fois provoquer
une réaction fébrile passagère chez les cholériques.
Mais le cinquième jour, le malade, chez qui d'ailleurs
les accidents cholériques n'eurent jamais une gravité
extrême, fut pris d'un frisson violent et le thermomètre s'éleva à 40°2 ; les sueurs furent modérées. Le
lendemain, 37° ; deux jours plus tard, 35°7. Pas
d'autre accès fébrile ; convalescence traînante.

LE CHOLÉRA CHEZ LES BRIGHTIQUES ET LES CARDIAQUES.

Le flux diarrhéique entraîne, chez les *brightiques*,
toute la sérosité accumulée dans le tissu cellulaire et
dans les cavités des séreuses : œdème, épanchements
pleuraux, péritonéaux, péricardiques, tout disparaît ;
le dessèchement est absolu. J'ai vu un homme âgé,
atteint de néphrite interstitielle et qui, après la période phlegmorrhagique, ne fut pas peu surpris de
constater la guérison inespérée d'une anasarque
rebelle ; il ne tarda pas d'ailleurs à tomber dans le
marasme et à succomber.

Les *cardiaques* supportent fort mal l'assaut du
choléra grave. Chez eux, l'œdème peut être balayé
comme chez les brightiques mais un tel résultat n'est
favorable qu'en apparence. S'ils évitent les graves
accidents de la période d'algidité (et pour eux il
faut ajouter la syncope à la liste que j'ai fournie), on
les voit inhabiles à réagir franchement.

Bethe (de Stettin), qui a étudié avec soin le ralentissement du pouls et l'arythmie du stade de réaction,
a observé plusieurs accès de collapsus cardiaque
chez un cholérique atteint de lésion mitrale ; ce
malade a guéri cependant.

C'est à la défaillance d'un organe préalablement
compromis (insuffisance mitrale, lésion aortique, sur-

charge graisseuse) que j'ai pu attribuer certaines aggravations soudaines et imprévues. On se défiera donc, pour les cardiaques, du choléra même léger.

Chez les *cancéreux*, comme chez les autres cachectiques, j'ai vu plusieurs fois la même aggravation soudaine d'une maladie peu inquiétante au premier abord.

LE CHOLÉRA CHEZ LES TUBERCULEUX.

Briquet et Mignot disent avoir vu guérir bien peu des phtisiques frappés dans leurs salles. Parmi ces malades, les uns ont présenté le plus haut degré d'algidité ; les autres, n'ayant eu qu'une atteinte cholérique légère en apparence, ont succombé pour la plupart en état de réaction incomplète.

Sur 9 phthisiques, deux ont guéri du choléra ; mais, chez l'un de ces malades âgé de vingt-deux ans, l'affection tuberculeuse prit une marche galopante qui le fit succomber au bout de vingt et un jours ; l'autre traîna pendant deux mois dans un état d'affaiblissement profond et succomba après avoir eu fréquemment des selles diarrhéiques. Chez tous, Briquet et Mignot ont noté la disparition de la dyspnée et de l'expectoration.

Lorsque les tuberculeux ne succombent pas immédiatement sous l'influence de l'atteinte cholérique, on voit chez eux le stade d'algidité se prolonger d'une façon excessive et, d'autre part, la diarrhée résister à la plus énergique médication.

Quand ils ont réussi à entrer en réaction, la tuberculose reprend ses droits ; la fièvre hectique se manifeste avec de grandes oscillations thermiques, puis survient le marasme mortel.

Telle est la règle ; on peut citer des exceptions. Parmi les cholériques graves que j'ai traités par la transfusion intra-veineuse *in extremis*, je compte deux sujets (un homme et une femme) atteints de tuberculose pulmonaire au second degré. Le premier a pu quitter assez rapidement l'hôpital. L'autre a séjourné longtemps ; sa convalescence a été traînante ; il avait d'ailleurs de la tuberculose cutanée et un abcès ancien du coude. Hayem a traité avec succès par la transfusion un enfant atteint de mal de Pott.

La dessiccation complète des cavernes au stade algide a frappé tous les observateurs.

LE CHOLÉRA CHEZ LES ALCOOLIQUES.

Voici une catégorie d'individus singulièrement maltraités dans chaque épidémie.

Les alcooliques n'ont pas à redouter seulement le choléra grave. Pour eux, la plus légère atteinte peut devenir le point de départ d'accidents mortels. Un alcoolique de quarante-huit ans, par exemple, entre dans mon service le 19 juillet, pour une cholérine sans gravité. Au moment où la convalescence va s'installer, le 21 juillet, éclate un délire furieux qui emporte le malade en deux jours.

Manchot a vu le *delirium tremens* survenir après guérison complète d'un accès cholérique.

Dans le choléra grave, la résistance des cholériques est singulièrement défaillante ; on note chez eux, lorsqu'ils réagissent, cette réaction retardante que j'ai signalée chez les sujets débilités en général ; on note la lenteur de la convalescence. A la période d'état, il y a deux choses à mettre en relief : la gravité et la persistance des accidents gastriques (c'est chez un alcoolique absinthique de dix-neuf ans que j'ai noté les ulcérations gastriques multiples décrites ailleurs) et, d'autre part, l'importance toute spéciale des phénomènes nerveux : délire de paroles, délire d'actions, agitation furieuse, congestion céphalique rapide ou tardive, coma terminal.

J'ai vu guérir cependant quelques alcooliques gravement frappés ; mais, à côté d'eux, combien de catastrophes inattendues ! Et, quand j'en cherchais la cause *post mortem*, je trouvais, à défaut d'autre lésion, un foie cirrhosé.

V. — LES COMPLICATIONS

On observe dans le choléra de nombreux *accidents*, mais les *complications* sont rares. Cela tient, sans aucun doute, à l'intensité du processus infectieux et à la rapidité de l'évolution morbide.

Au stade d'algidité, les complications n'ont pas le temps de se produire ; elles ne surviennent qu'à la période de réaction et, quand les malades ont eu la bonne fortune de franchir ces deux périlleuses étapes, pendant la convalescence.

Je passerai rapidement sur quelques complications peu importantes ou rares.

La *surdité* (sans otite suppurée) peut être observée à toutes les périodes ; je l'ai notée au second jour chez un homme de quarante-sept ans ; elle est plus fréquente à la période de réaction ou pendant la convalescence.

Le *muguet* s'est montré fréquemment chez mes malades dans les formes lentes ; il a occupé la bouche et la gorge. C'est une complication qu'on retrouve souvent dans les relations des auteurs.

L'œdème de la glotte, la *diphthérie pharyngée* et *laryngée* peuvent survenir chez les cholériques.

Fréquente est la *gastro-entérite*, que j'ai signalée comme accident de la convalescence et qui peut monter au rang des complications véritables.

Les *désordres cérébraux* sont indiqués aux chapitres de l'anatomie pathologique et des symptômes. Je n'ai pas besoin d'y revenir.

Voici une série de complications qui méritent d'être mises en relief.

La pneumonie lobaire et la broncho-pneumonie.

Netter et Mills (cité par Rommelaere) sont les seuls médecins qui, ayant trouvé dans le poumon des foyers de bacilles virgules, aient le droit de considérer la pneumonie, non pas comme une *complication*, mais comme une *détermination* de l'infection cholérique. Ces auteurs me permettront d'attendre la confirmation de leurs découvertes pour changer ma manière de voir.

J'ai fait un court historique de la question dans un travail récent (1). Depuis Annesley, qui, en 1829, comparait les poumons des cholériques à de la chair meurtrie, la liste des publications est longue.

Quelle est la fréquence des complications pulmonaires? Oddo n'a vu, en 1884, à Marseille, que des congestions passives peu étendues. L'année suivante, dans le même milieu, 353 cholériques ; congestions étendues, fréquents noyaux de splénisation, deux pneumonies lobaires, douze broncho-pneumonies. Et l'auteur suppose, à l'exemple de Jules Besnier, que ces particularités réactionnelles sont en rapport avec la fréquence spéciale de la dyspnée et des phénomènes thoraciques du stade d'algidité.

Dubreuilh déclare qu'en 1884, à Paris, il a constaté la broncho-pneumonie dans la moitié des autopsies de cholériques enlevés à la période de réaction.

Cette complication m'a paru peu fréquente en 1892 ; mais je dois reconnaître que je n'ai pas pratiqué toutes les autopsies. Simmonds, à Hambourg, a trouvé, sur 150 malades décédés après le troisième jour, 4 pneumonies et 58 broncho-pneumonies.

L. GALLIARD. Pneumonie et broncho-pneumonie cholériques *Gaz. hebd., avril* 1893).

Parmi les causes, on a signalé les effets du froid.

Duflocq a pensé que les bronchites survenues en 1884 à Saint-Antoine étaient dues aux rigueurs de la saison (l'épidémie a sévi à Paris en novembre et décembre) et aussi à l'installation défectueuse du pavillon des cholériques. Ce qui est vrai pour la bronchite peut l'être pour la broncho-pneumonie et la pneumonie. L'âge avancé serait pour moi un facteur étiologique important si je considérais seulement les trois malades qui, dans mon faible contingent (5 cas), avaient dépassé cinquante ans, et les deux hommes de cinquante-cinq et cinquante-neuf ans qui constituent toute la liste de Duplay. Mais, sur les 9 malades de Dubreuilh, un seul était âgé (soixante-seize ans); chez les 8 autres, l'âge variait de seize à trente-neuf ans.

Je ne parle ni des prédispositions individuelles, dont l'influence n'a pas été démontrée, ni des tares organiques; la seule importante est l'alcoolisme,

A quelle période survient la pneumonie?

Les lésions pulmonaires se produisent parfois avec une grande rapidité : Simmonds (1892) a trouvé des foyers de pneumonie lobulaire chez un cholérique emporté au troisième jour et chez cinq cholériques décédés le quatrième jour de la maladie. Mais, en général, les auteurs s'accordent à le reconnaître, ces altérations sont moins hâtives; elles sont l'apanage de la *période de réaction*.

Dubreuilh estime qu'elles débutent en moyenne le septième jour. Sur les 62 sujets qui ont fourni à Simmonds des résultats positifs, 56 avaient succombé du sixième au dixième jour de la maladie; on peut donc supposer que la broncho-pneumonie avait débuté chez eux du quatrième au huitième jour.

Les pneumonies cholériques sont souvent *latentes*.

Parfois on a signalé au début le frisson unique, le point de côté; plus fréquentes sont la toux et surtout la dyspnée; dans quelques cas, des crachats rouillés. Quant aux signes physiques, ils varient avec l'étendue des lésions; les râles crépitants peuvent exister dès le premier jour; le souffle vient ensuite. Peu de phénomènes généraux, peu de délire.

La *fièvre* manque souvent. Ici, il importe de faire une distinction entre la broncho-pneumonie et la pneumonie fibrineuse. Cette dernière, liée spécialement aux réactions dites franches, rapides ou excessives du choléra, s'accompagnerait, d'après les auteurs, d'élévation de la température beaucoup plus fréquemment que la broncho-pneumonie, qui appartiendrait, au contraire, aux réactions difficiles, incomplètes, avortées. C'est ainsi que Broca a noté. chez un cholérique de quarante-sept ans, atteint de pneumonie lobaire le sixième jour, une température de 39°6; Oddo a inscrit, dans des conditions analogues, 39°8 et 39°9.

Le seul malade chez qui j'aie constaté à l'autopsie la pneumonie lobaire (j'ai trouvé quatre fois des broncho-pneumonies) a eu, la veille de la mort, une température axillaire de 39°4; mais il y avait en même temps chez lui des phénomènes de fluxion méningo-encéphalique.

Dans la broncho-pneumonie cholérique, la fièvre est moins vive. Et d'ailleurs les autres symptômes sont parallèlement atténués. Il y a moins de douleur, moins de dyspnée, moins d'expectoration, moins de signes physiques; le souffle, en particulier, peut faire défaut.

L'*hypothermie* n'est pas rare, surtout dans la broncho-pneumonie. Dubreuilh a noté 34°2 le cinquième jour et 33° le sixième jour (jour de la mort) chez un cholérique de trente-sept ans. Une de mes observations se rapporte à une femme qui eut 33°6 la veille de la mort.

La *marche* des pneumonies cholériques est extrêmement rapide; tous les auteurs s'accordent sur ce point. En moins de deux ou trois jours, dit Mouchet, la suppuration peut se produire. La chose existe dans le choléra comme dans toutes les maladies infectieuses qui ont profondément débilité l'organisme.

Secondairement, la gangrène pulmonaire a été signalée par Mouchet et par Rommelaere. Mouchet a vu un cas de pleurésie. Oddo a constaté des frottements pleuraux chez un malade qui a guéri.

La *terminaison* est habituellement fâcheuse. Je n'ai pas constaté, pour mon compte, une seule guérison. Sur les neuf malades de Dubreuilh, un seul a guéri. Au contraire, Oddo, particulièrement favorisé, n'a perdu que six malades, tandis que deux sont devenus tuberculeux et que six ont été renvoyés sains et saufs. Je citerai comme exceptionnels les deux cas favorables de Duplay (1832) et le fait observé dans le service de Roger en 1892 et consigné dans la thèse d'Abramovitch.

Les crachats ont été examinés dans plusieurs cas. Ceux du malade de Broca (1885) contenaient, d'après les recherches de Balzer, le diplococcus de Friedlænder ; il s'agissait d'une pneumonie fibrineuse. Mills (laboratoire de Rommelaere) a obtenu un résultat inattendu : dans les crachats d'un cholérique qui, ayant expectoré des matières d'odeur gangréneuse, ne rejetait plus que du pus, cet auteur a constaté, au cinquante-troisième jour de la maladie, des bacilles virgules. A côté d'eux, il y avait des bacilles de Finckler-Prior et des diplocoques de Frænkel.

L'emphysème sous-cutané.

En 1857, Traube signalait cette complication à ses élèves, mais sans rien écrire à son sujet.

Dès lors, il faut arriver jusqu'à l'année 1885 pour la trouver décrite dans une communication de Fræntzel à la Société de médecine interne de Berlin et intitulée : « *De l'emphysème sous-cutané dans les maladies de l'appareil respiratoire.* »

Fræntzel rapportait trois cas : le premier sans

détail ; le second 'avait trait à un cholérique chez qui, dès le premier jour de la maladie, la complication s'était manifestée pour rester limitée au cou. Chose remarquable, le sujet avait guéri. Pas d'autre détail sur son compte.

L'histoire du troisième était plus détaillée. Ce patient ayant été apporté à l'hôpital de la Charité, pendant l'épidémie de choléra de 1873, en état de collapsus algide, avec suppression du pouls radial, l'auteur constata, surtout au cou, mais aussi sur le thorax, un emphysème sous-cutané parfaitement caractérisé. Il y avait en même temps anurie ; de telle sorte que l'auteur s'appuya sur ces deux signes : emphysème sous-cutané et anurie, pour poser le diagnostic *choléra* au stade d'asphyxie et faire placer le malade dans la salle réservée aux cholériques. La mort survint au bout de quelques heures et, à l'autopsie, l'auteur put vérifier l'exactitude de son diagnostic. Le point de départ de l'emphysème sous-cutané était la rupture d'un groupe d'alvéoles du poumon droit, rupture suivie d'emphysème interlobulaire et médiastinal. On apprit plus tard que le sujet, atteint de diarrhée incoercible, avait quitté son domicile pour se rendre à l'hôpital et qu'il était tombé en route.

J'avais eu l'occasion de m'occuper à plusieurs reprises de l'emphysème sous-cutané dans les affections de l'appareil respiratoire et je connaissais, par conséquent, les observations de Fræntzel lorsque les cholériques du Bastion 36 furent confiés à mes soins. Témoin de l'effroyable dyspnée qui souvent torturait mes malades, témoin de leurs efforts désespérés dans la lutte suprême, témoin de l'emphysème vésiculaire si fréquent à l'autopsie des cholériques, je compris comment, en dépit du silence des auteurs, Fræntzel avait pu considérer la rareté des ruptures pulmonaires comme plus apparente que réelle. Je me préoccupai donc de dépister un symptôme qui lusieurs fois peut-être, me disais-je, avait échappé à des observateurs non prévenus, et, chez un cholérique, je le constatai nettement.

Mon malade (1) est un charbonnier de vingt-neuf ans, très robuste, apporté au Bastion 36, le 23 août 1892, en état de collapsus algide avec suppression du pouls radial et chez qui la transfusion intra-veineuse est pratiquée immédiatement. L'opération, ayant été suivie du rejet rapide d'une énorme quantité de liquide par l'estomac et l'intestin, doit être renouvelée trois fois en l'espace de vingt-quatre heures. Seize heures environ après la quatrième transfusion (la durée totale des accidents graves n'est que de soixante heures environ), les crampes ont cessé, les coliques et les vomissements ont diminué; la diarrhée persiste avec un peu de sang; le malade est calme. Il a conservé toute sa connaissance et, quand je l'interroge, il me dit qu'il va mieux! Cependant la mort est imminente. Avant de quitter le patient, je mets la main sur la région cervicale, qui me paraît tuméfiée, et j'y constate de la façon la plus manifeste la crépitation caractéristique de l'emphysème.

Cette crépitation existe sur les parties antéro-latérales du cou, dans toute leur hauteur, jusqu'au maxillaire en haut. Elle se trouve difficilement à la nuque, mais l'infiltration gazeuse commence à s'étendre à la partie antérieure du thorax. On la constate au niveau de la moitié supérieure du sternum, limitée par une ligne courbe à convexité inférieure. Pas de changement de coloration de la peau, qui est modérément soulevée par l'emphysème.

Peu d'instants après ma visite le malade succombe.

A l'autopsie, quand on a incisé la peau du cou et du thorax, puis soulevé le plastron sterno-costal, on voit tout le tissu cellulaire des régions cervicale et médias-

(1) L. GALLIARD. Une complication rare du choléra : l'emphysème sous-cutané (*Sem. méd.*, 21 sept. 1892).

tine antérieure infiltré de petites vésicules aériennes qui se placent à côté des vésicules adipeuses et se réunissent parfois en assez grand nombre pour former de larges bulles susceptibles de distendre les lames conjonctives. La chose est très visible sur le revêtement celluleux du péricarde jusqu'au niveau de l'insertion diaphragmatique. Même infiltration sur le revêtement des gros vaisseaux à leur sortie du péricarde et, en arrière, le long de l'aorte, le long de l'œsophage et de la trachée, en résumé dans tout le médiastin.

A partir du hile des poumons, l'infiltration se poursuit sous la plèvre pulmonaire (il n'y a rien sous le feuillet pariétal de la plèvre) des deux côtés. Sur un grand nombre de points, le feuillet pleural est soulevé et il est facile, en exerçant une compression légère, de faire voyager les bulles d'air au-dessous de lui. Le soulèvement se voit nettement surtout au niveau des bords libres des poumons, au niveau des espaces interlobaires et interlobulaires. Le contour des lobules est dessiné en maints endroits par des traînées de vésicules aériennes. En plusieurs points on voit de larges veines gazeuses qui aboutissent aux bords libres des poumons.

En somme, emphysème sous-pleural étendu à la presque totalité des deux poumons.

C'est au niveau du bord antérieur du lobe supérieur gauche qu'existe à son maximum de développement l'emphysème sous-pleural; il y a là un groupe de bulles qui atteint le volume d'une grosse amande. Je suis disposé à penser que là est le foyer de la rupture alvéolaire; lorsqu'en effet j'insuffle sous l'eau les poumons à l'aide d'un soufflet placé dans la trachée, après avoir incisé sur ce point le revêtement pleural, je vois immédiatement sortir par là un grand nombre de bulles d'air. La même expérience met en évidence l'emphysème des vésicules pulmonaires elles-mêmes; on les voit se gonfler nettement aux lieux d'élection à chaque coup de soufflet.

Il y a donc emphysème initial des deux poumons et, secondairement, emphysème interlobulaire, sous-pleural, médiastinal et cervico-sous-cutané.

Aux bases, un peu de congestion. Pas d'anthracose. Rien dans les plèvres.

Depuis la publication de ce cas, unique dans mon service, aucun document nouveau n'a surgi.

Le seul fait à rapprocher de celui-là m'est personnel ; il se rapporte à une femme de vingt-cinq ans, enlevée le troisième jour (choléra galopant), à la période d'algidité, et qui offrit à l'autopsie de l'*emphysème du médiastin* (1). Chez cette cholérique, je n'avais pas constaté, pendant la vie, d'emphysème cervico-sous-cutané. C'était à droite que les bulles d'emphysème sous-pleural avaient acquis le plus de développement ; j'ai pu localiser la rupture pulmonaire à droite, à la partie antérieure et moyenne du lobe moyen. Quelques heures de plus et l'air s'échappait du médiastin pour gagner la région cervicale.

La pathogénie de l'emphysème sous-cutané chez les cholériques me paraît fort simple. Dans l'effraction des vésicules pulmonaires qui conduit à l'emphysème interlobulaire, médiastinal et cervico-sous-cutané, je ne crois pas qu'il soit possible de voir autre chose qu'un effet purement mécanique de la dyspnée. Je ne crois pas qu'on puisse rattacher cet accident à l'infection. Si l'accident était fréquent on pourrait invoquer une fragilité spéciale du parenchyme pulmonaire résultant, j'imagine, soit d'une perturbation trophique, soit, plus simplement, de la déshydratation des tissus. Mais, malgré la fréquence de l'emphysème pulmonaire si souvent signalée chez les cholériques depuis Magendie, cet accident est fort rare.

(1) L. Galliard. *L'emphysème du médiastin* (Soc. méd. des hôp. de Paris, 17 mars 1893).

L'ictère.

Depuis l'épidémie parisienne de 1849, au cours de laquelle l'ictère a été considéré comme fréquent par Michel Lévy, qui en faisait un phénomène critique favorable, tous les auteurs s'accordent à signaler la rareté de la jaunisse chez les cholériques.

En 1865 et 1866, Jules Besnier l'a noté dans *trois ou quatre cas* de réaction vive et régulière. Il rapproche ce phénomène de la glycosurie : « Les troubles morbides, dit-il, liés à la congestion du foie sont comparables à l'albuminurie; mais l'ictère est rare, tandis que la glycosurie et l'albuminurie sont, pour ainsi dire, constantes. » Jaubert cite deux cas de jaunisse chez des cholériques convalescents. Gubler signale trois fois l'ictère avec coloration bilieuse de l'urine et le tient pour un phénomène critique. Marrotte l'observe une fois sur 100 malades. Lorain ne parle ni de l'ictère ni de la surcharge bilieuse de l'urine. Mouchet déclare que, sur les cholériques observés par lui, aucun n'a présenté d'ictère.

En 1873, silence complet sur la question.

Sur 215 cholériques observés en 1884 à Saint-Antoine, Duflocq n'a vu l'ictère que deux fois : d'abord chez une femme entrant à l'hôpital avec une teinte subictérique des téguments, qui se dissipa en peu de temps et fit place à un érythème limité à la face; ensuite chez un homme qui eut une jaunisse plus accentuée. Dans le second cas, l'ictère survenu au cours d'une réaction trainante précéda de deux jours un érythème qui se généralisa; le sujet était alcoolique, il avait le foie gros et douloureux. Les deux malades succombèrent.Pas de renseignements anatomo-pathologiques sur ces cas.

En 1892, Gaiffe (d'Asnières) a noté l'ictère chez

quatre cholériques ; j'ai relaté ces faits dans le travail (1) où j'ai relevé sept observations personnelles. Chez cinq de mes malades, dont deux ont succombé et trois ont guéri, l'ictère (le mot *subictère* serait même plus juste) n'est survenu qu'à titre d'épiphénomène ; il n'a paru influencer en aucune façon la marche de la maladie. Chez les autres (deux femmes), l'ictère a joué le rôle de complication véritable.

Un mot sur ces deux malades.

La première a guéri. C'était une femme de trente-quatre ans, atteinte de choléra grave, traitée par l'acide lactique, chez qui l'anurie persista jusqu'au septième jour ; le neuvième jour, *ictère* ; le onzième jour, érythème papuleux pseudo-ortié, 39° le soir. Après deux jours d'apyrexie coïncidant avec l'apparition des règles, recrudescence fébrile, adynamie, muguet ; le vingtième jour, disparition complète de l'ictère, défervescence incomplète, emphorie, départ. Il y a donc eu là une série de phénomènes graves appartenant à la période de réaction et dont l'ictère a été le prélude.

La seconde patiente a succombé, et j'ai constaté à l'autopsie une suppuration manifeste des voies biliaires. Agée de trente-trois ans, *blanchisseuse*, cette femme offrit d'abord les symptômes d'un choléra d'intensité moyenne ; cependant, je notai chez elle l'abolition du réflexe rotulien et la réaction paresseuse des pupilles. Elle avait, le second jour, une température vaginale de 37°5. Elle prit de l'acide lactique trois jours de suite. Le septième jour, je commençai à être impressionné de son indifférence, de son abattement ; puis, la température s'abaissant d'une façon progressive à 35°9, elle tomba dans un état de prostration fort alarmant. Le douzième jour, la diarrhée qui avait complètement cessé reparut ; il y eut dans la

---

(1) L. GALLIARD. L'ictère et les altérations des voies biliaires dans le choléra (*Sem. méd.* 12 oct. 1892).

nuit des selles séreuses ou verdâtres ; la malade se mit à délirer et les extrémités devinrent algides ; inappétence absolue.

Le treizième jour, *ictère* ; teinte jaune des sclérotiques ; peu de chose à la peau, qui était toujours grisâtre, peu cyanosée. Température : 36°6 et 36°4. Urine rare, mélangée aux matières fécales.

Deux jours après, je constatai qu'à la teinte jaune des sclérotiques était venue s'ajouter la coloration jaune de la peau ; d'ailleurs, pas de décoloration des matières ; urine en petite quantité, brunâtre. Le délire nécessita l'usage des injections de morphine.

Le seizième jour, l'ictère devint plus foncé en couleur. La malade eut un délire ininterrompu ; la langue était sèche ; des matières jaune clair souillaient le lit. La température vaginale était de 35°8 le soir.

Le lendemain matin, je constatai sur l'abdomen, aux hanches, à la poitrine, une éruption discrète de papules rosées. A cinq heures du soir, je découvris quelques taches nouvelles. L'ictère persistait de la façon la plus nette ; il n'y avait ni évacuations alvines, ni émission d'urine. Le pouls radial battait encore, le thermomètre marquait 35°4, les pupilles étaient immobiles. Après une soirée fort agitée, la malade tomba dans le coma et mourut le dix-huitième jour, à cinq heures du matin.

Ma publication n'est pas restée sans écho. Elle a provoqué d'abord une note de Demmler, que je citerai tout à l'heure, puis un mémoire remarquable d'Oddo (1), qui déjà, dans sa thèse (1886), avait réservé une place à l'ictère, mais dont les observations avaient besoin d'être précisées. Je me félicite de pouvoir résumer ici son travail :

En 1884 et 1885, Oddo a rencontré, sur 876 malades, 31 ictériques seulement. Les 31 sujets étaient des hommes ; parmi eux, deux se trouvaient atteints d'ictère

----

(1) Oddo. De l'ictère cholérique (*Gaz. hebd.*, nov. 1892).

infectieux antérieur au choléra, de sorte qu'il reste
29 cas d'ictère secondaire.

L'auteur partage ses cas en quatre groupes :

1° *Ictère léger et fugace survenant au cours d'une réaction régulière* (12 cas) ; pas de décoloration des matières fécales ; au contraire, débâcle bilieuse ; peu de pigment biliaire dans l'urine ; assez souvent du sucre ; rapide guérison des malades, qui d'ailleurs n'avaient eu qu'un choléra léger.

2° *Ictère coïncidant avec une rechute* (5 cas, dont deux étaient graves d'emblée) ; dans deux cas, coïncidence avec l'érythème ; un des malades a eu des phénomènes cérébraux et a succombé.

3° *Ictère léger au cours d'une réaction irrégulière* (5 cas, graves dès le début) ; pas d'influence sur la marche de la maladie.

4° *Ictère constituant le symptôme prédominant de la période de réaction*, et existant à titre de *complication véritable* (7 cas). Ici, l'ictère est survenu le deuxième ou le troisième jour d'une réaction régulière et s'est accompagné d'état saburral, de nausées et même de vomissements bilieux ; dans un seul cas les selles ont été décolorées. Le foie était toujours volumineux et endolori. L'urine était fortement pigmentée ; dans plusieurs cas, elle contenait du sucre. Hémorrhagies par diverses voies, surtout par l'intestin. Deux fois des râles de congestion à la base droite, deux fois de la broncho-pneumonie à droite. Etat général mauvais ; grand affaiblissement ; muguet dans un cas ; phénomènes cérébraux à forme pseudo-méningitique.

Dans un cas d'Oddo, il s'agit d'*ictère grave* consécutif au choléra. Ici, l'ictère est survenu le septième jour chez un sujet dont la réaction avait revêtu la forme adynamique et qui, le sixième jour, avait présenté une rechute. Le huitième jour, il y eut du melæna, le neuvième jour une épistaxis abondante, le treizième jour de l'érythème papuleux. Le quatorzième jour, hémorrhagies par diverses voies. Mort. A l'autopsie, teinte jaune-safran, dégénérescence graisseuse du foie.

Quelle est la *pathogénie* de l'ictère des cholériques ? Faut-il admettre toujours l'angiocholite dont nos autopsies ont démontré la réalité, ou faut-il faire jouer un rôle aux perturbations dyscrasiques ? Oddo pense que l'élimination de la ptomaïne cholérique s'effectuant par le foie peut déterminer l'ictère fugace, de même qu'en s'éliminant par le rein elle provoque l'albuminurie passagère. Il faut tenir compte assurément de l'absence fréquente du pigment biliaire dans l'urine et noter les selles bilieuses qui accompagnent souvent l'ictère léger des cholériques.

Lorsque l'angiocholite est démontrée, devons-nous l'attribuer à une infection secondaire (comme je le supposais dans mon étude), ou invoquer la pénétration tardive du bacille virgule dans les voies biliaires ? Les résultats histologiques positifs de Nicati et Rietsch et de Girode parlent en faveur de cette dernière hypothèse.

On remarquera que, le plus souvent, la présence du bacille virgule dans les voies biliaires a été signalée chez des sujets non atteints d'ictère. D'autre part. l'ictère fait défaut dans un grand nombre de cas où la bile semble altérée.

Je viens d'étudier l'ictère *complication du choléra*. Lorsque j'ai décrit les formes cliniques de la maladie, je n'ai pas parlé du *choléra bilieux*. Ce dernier mérite cependant d'être envisagé ou, du moins, discuté.

Si le choléra bilieux, au sens propre du mot, existe, c'est assurément dans les pays chauds, à côté des fièvres bilieuses endémiques, qu'il devra se manifester de préférence.

Or, prenons, par exemple, dans un article mémorable de Lasègue sur le choléra asiatique, en 1865, la transcription des renseignements fournis par Dumesthé, alors chargé du service des cholériques à l'hôpital européen d'Alexandrie : le mot ictère n'y figure pas une seule fois. La seule chose à signaler, c'est l'état de l'urine au début de la période de réaction : *brunâtre*, fétide, trouble. Et Lasègue, comparant l'épidémie parisienne à l'épidémie d'Egypte, se plaint de la désespérante monotonie du choléra ; il reconnaît « combien peu le *temps*, les *lieux* et les *mœurs* exercent d'influence sur une maladie encore trop violente pour garder l'empreinte des milieux où elle se développe ».

Pellarin, dans un ouvrage consacré à l'épidémie cholérique de la Guadeloupe en 1865 et 1866, dit bien, à propos de la forme abdominale ou gastro-intestinale du choléra, que les voies biliaires participent à l'état irritatif des voies digestives ; mais il signale seulement, comme symptômes, les douleurs épigastriques, les vomissements bilieux et la diarrhée bilieuse ; rien de la jaunisse, et dans aucune des nombreuses observations de ce livre je ne trouve noté l'ictère.

Demmler, étudiant l'endémo-épidémie tonkinoise en 1885 (1), notait les selles bilieuses et les vomissements bilieux ; il parlait des lésions *macroscopiques* de l'atrophie jaune aiguë commençante. A propos des cas dans lesquels le foie était malade et où cependant la symptomatologie consistait *uniquement en troubles gastriques*, il rappelait les expériences de Nicati et Rietsch et l'action de la bile dans la production du choléra expérimental. Il ne s'expliquait pas sur l'ictère.

A la suite de ma publication, cet auteur (2) indiqua nettement que, chez ses cholériques, les phénomènes cliniques étaient souvent ceux de l'ictère grave : *état typhoïde avec teinte subictérique ou ictère prononcé*, survenant surtout à la période de réaction. Il proclame la fréquence des complications hépatiques du choléra *aux colonies*.

Je suis heureux d'enregistrer ces déclarations, jusqu'à présent isolées, en attendant des renseignements précis sur le choléra bilieux vrai.

(1) DEMMLER (*Revue de méd.* 1891).
(2) Note lue par *Du Cazal* à la Société des hôpitaux de Paris, le 21 octobre 1892.

Je ne nie pas, en effet, l'existence du *choléra bilieux vrai*. Je pense que peut-être nous serons autorisés à le décrire un jour à côté du *choléra compliqué d'ictère*, de même que nous décrivons la pneumonie bilieuse à côté de la pneumonie compliquée d'ictère. Mais comme nous ne sommes plus au temps de Stoll, qui nommait *pneumonie bilieuse* une pneumonie sans jaunisse, c'est-à-dire une maladie dans laquelle l'état gastrique (synonyme à peu de chose près de l'état bilieux) était tout et l'ictère n'était rien ; comme, dans notre esprit, le mot *bilieux* est inséparable de l'idée d'ictère, je réserve cette épithète aux formes du choléra dans lesquelles il y aurait, non seulement état bilieux dans le sens de Stoll, mais encore ictère, ou tout au moins surcharge bilieuse de l'urine, c'est-à-dire *bile débordante*. Et, s'il s'agit simplement de désigner les formes de la maladie dans lesquelles il y a hypersécrétion suivie de *déversement* exagéré de la bile dans l'intestin, j'emploie le mot : *choléra polycholique*.

Ce choléra polycholique sera donc l'analogue du choléra bilieux, avec ou sans dépôt riziforme (caractérisé non pas par l'ictère ni même par la surcharge bilieuse de l'urine, mais seulement par la nature bilieuse des déjections), que Peter opposait récemment à la cholérine et au choléra séreux riziforme.

Je suppose que le choléra bilieux vrai sera généralement polycholique.

Les suppurations.

Quelle est l'origine des suppurations dans le choléra ? Le bacille virgule de Koch est inhabile à les déterminer ; elles ont besoin, pour se produire, de l'intervention d'autres microbes. Les associations microbiennes n'ont guère été étudiées que dans l'intestin, chez les cholériques. J'ai donné des renseignements sur les produits de l'expectoration. Netter a trouvé dans un foyer de broncho-pneumonie le streptocoque pyogène à côté du bacille virgule.

Le microbe qu'a décrit Roger sous le nom de *bacillus septicus putridus* détermine la septicémie mais n'engendre pas la suppuration.

Les *phlegmons circonscrits* et les *abcès* reconnaissent généralement pour cause l'introduction connue d'un germe malfaisant. Tels sont les abcès que j'ai observés parfois à la cuisse, consécutivement aux injections sous-cutanées de caféine et d'éther ; les liquides ou les aiguilles des seringues avaient servi de véhicules aux germes, malgré les précautions que j'exigeais, malgré mes recommandations réitérées. D'ailleurs, ces abcès n'ont pas eu d'importance en général. Un seul a prolongé d'une façon sérieuse la convalescence et le séjour du malade à l'hôpital : c'était chez un sujet qui avait eu déjà un abcès du pouce d'origine inconnue, et dont je parlerai à propos de l'érysipèle de la face (1).

Il est arrivé parfois aussi, dans mon service, que les plaies pratiquées pour la transfusion intra-veineuse aient suppuré au lieu de se réunir par première intention, comme cela aurait dû arriver constamment. Là encore il faut admettre que l'antisepsie se soit trouvée en défaut. Variot a noté chez les enfants la lenteur de la cicatrisation de ces plaies. « Malgré les précautions antiseptiques les plus rigoureuses, dit-il, nous n'obtenions pas de réunion par première intention et, après quinze jours et même trois semaines, la cicatrisation n'était pas complète. »

Les *otites*, signalées par Jaubert dans 22 cas, seraient, d'après Laveran, aussi fréquentes dans la convalescence du choléra que dans celle de la fièvre typhoïde. Or, si je m'en rapporte à mes observations, ce n'est pas seulement à la convalescence, c'est aussi bien à la

---

(1) L. GALLIARD. La suppuration et les gangrènes dans le choléra (*Arch. gén. de méd.*, mai 1893).

période d'état qu'appartiennent les perturbations de l'appareil auditif. En dehors de la surdité simple, qui n'est pas rare, je l'ai dit, j'ai vu l'otite moyenne suppurée se manifester parfois pendant le stade d'algidité. Plus souvent l'écoulement purulent s'est effectué à la période de réaction. Elle a déterminé sous mes yeux de la fièvre, mais n'a jamais été suivie de complications dont on ait pu la rendre responsable. Elle a rarement été douloureuse. Chez un de mes malades traité avec succès par la transfusion intra-veineuse, l'oreille droite a fourni du pus le septième jour, l'oreille gauche le treizième jour, et, dans l'intervalle, la température rectale maxima a été de 38°6. Chez une femme de soixante-deux ans, j'ai noté l'otite double le dix-septième jour; le vingt et unième jour, l'otite a récidivé du côté droit.

La *rhinite* suppurée a été vue par Bordier en 1867.

Les *conjonctivites* ne sont pas rares chez les cholériques graves, dont les yeux se dessèchent pendant l'algidité, pour acquérir ensuite une singulière prédisposition aux sécrétions muco-purulentes. On n'a guère signalé d'ophthalmies sévères. Dans quatre cas de Duflocq, la conjonctivite double a pu être imputée au froid.

La *kératite* accompagnant la conjonctivite a été vue, en 1832, par Bourjot Saint-Hilaire; elle était limitée au segment inférieur de la cornée. Oddo note l'infiltration purulente de la cornée se produisant au bout de huit jours chez un cholérique comateux.

La *parotidite* a été signalée par Gendrin, qui l'a vue trois fois, par Rayer, qui l'a observée quatre fois sur 200 malades, par Dumesthé, par Müller (de Berlin) qui, sur 275 cholériques, l'a notée trois fois. Oddo a noté au Pharo en 1885, sur 353 cholériques, quatre parotidites survenant au cours de réactions difficiles ; dans deux cas les malades guérirent sans suppuration ; les deux autres malades succombèrent, et à l'autopsie on ne constata que des foyers grands comme des pois. Jaubert, chargé de soigner, à la suite de l'épidémie parisienne de 1866, les convalescents au nombre de 888, ne parle, dans sa thèse, que d'un seul cas de parotidite.

On voit, d'après ces citations, que la parotidite n'est pas une complication fréquente du choléra. Pour mon compte, je ne l'ai pas observée une seule fois.

Les *furoncles* et l'*ecthyma* ont été exceptionnels en 1892 ; quelques auteurs les ont signalés. Dans un cas d'Oddo, des pustules, siégeant aux membres inférieurs, se sont remplies de sang. Jaubert a vu neuf fois des furoncles chez les convalescents.

Les *suppurations viscérales* peuvent avoir pour siège les voies biliaires, l'appareil excréteur de l'urine, les plèvres. Rayer a vu deux fois la pleurésie purulente.

La lymphangite et l'érysipèle.

La lymphangite peut survenir à la suite des abcès ou des plaies. Je l'ai notée une seule fois. C'était chez un cholérique transfusé le septième jour. Ce malade eut, deux jours après l'opération pratiquée au-dessus de la malléole, une traînée rougeâtre atteignant la face interne de la cuisse. Cette lymphangite légère, accompagnée de tuméfaction modérée des ganglions inguinaux, disparut au bout de trois jours.

L'érysipèle a été à peine signalé par les auteurs. Dumesthé cite deux érysipèles phlegmoneux des membres. Oddo a vu survenir un érysipèle localisé au nez chez un sujet qui avait un érythème cholérique confluent à la face. L'érysipèle de la face a existé chez trois malades observés par Coste, à Marseille, en 1885 ; deux fois il resta localisé au nez et fut apyrétique ; dans le troisième cas, il fut consécutif à une réaction à forme cérébrale, s'étendit au cuir chevelu et emporta le malade en six jours.

Le seul érysipèle que j'aie observé siégeait à la face. L'origine en resta obscure, car, au moment où il se manifesta, l'hôpital était, depuis deux mois déjà, exclusivement affecté aux cholériques.

Le malade avait été atteint de choléra grave, avec ataxo-adynamie. Le huitième jour il eut une épistaxis et des sueurs profuses ; le neuvième jour, de la polyurie et une otite suppurée. Le quinzième jour, je constatai simultanément un abcès du bord interne du pouce droit et une poussée érysipélateuse débutant au nez, s'étendant plus tard au front et au cuir chevelu, sans grande réaction fébrile. Le vingt-cinquième jour, seconde poussée d'érysipèle facial, péricardite sèche (durant trois jours) et hydrothorax à droite, s'accroissant dans la suite, mais guérissant spontanément. Enfin, grande collection purulente siégeant à la partie supéro-externe de la cuisse gauche et pouvant être rapportée aux injections sous-cutanées pratiquées pendant l'algidité. Guérison lente. Départ après deux mois passés à l'hôpital.

Les gangrènes.

Gubler n'hésitait pas à rattacher à la glycosurie les gangrènes du choléra. Nous savons que la glycosurie n'a pas l'importance que lui attribuait ce médecin, et, d'autre part, il nous est permis d'invoquer les perturbations simplement mécaniques, les embolies, les spasmes vasculaires durables, les endartérites ; de plus, nous devons prévoir le rôle décisif des microbes pathogènes qui trouvent dans l'organisme des cholériques un merveilleux terrain de culture.

La *gangrène de l'intestin* a été signalée d'abord par Bouillaud qui, en 1832, l'a vue une fois dans l'intestin grêle et six fois dans le gros intestin. Elle est décrite dans le dictionnaire de Fabre. Mouchet (1866) a trouvé dans une autopsie trois plaques gangréneuses fétides, siégeant à la partie moyenne de l'intestin grêle et intéressant la couche musculeuse. Oddo a vu, chez un malade atteint de choléra depuis quatre jours, le ventre se ballonner et devenir douloureux à la pression ; on fit le diagnostic de péritonite ; le malade ayant succombé, on trouva le côlon descendant gangréné sur une étendue de 20 centimètres.

La *gangrène du poumon* semble aussi exceptionnelle que la gangrène de l'intestin. Signalée par Rostan et Michel Lévy, elle a été vue dans un seul cas par Mouchet, sur 540 cholériques. L'observation de Mouchet se rapporte à un homme robuste de vingt-deux ans succombant le septième jour et offrant deux choses : une pneumonie suppurée du sommet droit et des plaques gangréneuses sous-pleurales à la partie externe du lobe moyen. A côté de ce fait, Mouchet en place un second, observé à Amiens par Pénières : une fille de vingt-deux ans est prise, le quinzième jour, d'une douleur violente à la région sternale, et le dix-huitième jour elle crache une matière grisâtre avec un peu de sang ; le dix-neuvième jour, les crachats ont une odeur gangréneuse ; l'examen révèle une excavation siégeant à gauche ; mort au bout de quelques jours, pas d'autopsie.

La *gangrène des extrémités* peut se produire à toutes les périodes.

1° Chez les cholériques algides, la circulation périphérique étant suspendue, on observe parfois des plaques gangréneuses superficielles siégeant, par exemple, au nez, aux oreilles, au bout de la langue (Gendrin), aux organes génitaux (Tardieu), aux lèvres (Sanné). Ces eschares spontanées et distinctes, par conséquent, de celles que produit le décubitus, sont superficielles, peu étendues, peu graves. Je les ai constatées dans plusieurs cas.

Chez une femme de vingt ans, vue par Ratjen, la gangrène des extrémités s'est manifestée dès le premier jour ; cette malade a succombé le huitième jour.

2° C'est à la période de réaction ou pendant la convalescence qu'on signale la gangrène du pied attribuable aux oblitérations artérielles (artérite, thrombose, embolie). Je la trouve signalée par Laugier, Lamare (de Honfleur), Joffray (d'Ambérieu), Bourdon, et plus récemment par Coste (de Marseille). Dans le cas de Coste, la gangrène envahit non seulement le pied, mais la jambe, la cuisse, le bas-ventre et la fesse.

Le seul cas de gangrène du pied que j'aie observé ne peut être placé dans la série des gangrènes dites spontanées, car il a succédé à la transfusion intra-veineuse.

Il s'agissait d'un cholérique de trente-neuf ans, chez qui la transfusion intra-veineuse dut être faite, dans la saphène interne du côté droit, à la douzième heure de la maladie. Le deuxième jour, le pouls radial pouvait se compter (120) et le malade émettait de l'urine albumineuse ; il se plaignait d'une douleur vive au mollet droit. La plaie nécessitée par la transfusion était en bon état, mais les orteils avaient, à droite, une teinte violet foncé. Le troisième jour, teinte noirâtre des orteils ; le quatrième jour, la gangrène s'étendait à la totalité des orteils et de la région métatarsienne ; elle n'avait pas fait de progrès le cinquième jour, mais la cyanose s'était accentuée et le malade succombait. A l'autopsie, absence de phlébite de la saphène ; pas de lésion des artères du pied, de la jambe ni de la cuisse.

Lorsque je signalai ce fait étrange dans la note lue le 27 septembre 1892 à l'Académie de médecine, je déclarai qu'il était peu rationnel d'attribuer l'accident à un traumatisme portant exclusivement sur un tronc veineux superficiel (la gangrène d'origine veineuse n'est guère admise par les chirurgiens) et j'émis l'hypothèse d'un spasme réflexe, durable, des artères du pied et de la jambe. Faut-il accepter cette hypothèse ? Faut-il se contenter de voir là une simple coïncidence ou chercher ailleurs le lien qui existe entre l'intervention chirurgicale et la gangrène consécutive ? Je renonce, pour le moment, à résoudre ce délicat problème.

Les *gangrènes provoquées* doivent être signalées : on peut les craindre chaque fois qu'on altère, chez les cholériques, les surfaces tégumentaires.

Mouchet a vu les *sangsues* placées derrière l'oreille déterminer de petites plaques gangréneuses. Dans une des observations du même auteur, la gangrène mortelle ne peut être attribuée qu'à des onctions faites avec une *pommade au chloroforme*. Dans un autre fait, elle a été la conséquence du *vésicatoire* de 25 centimètres que portait à l'épigastre un malheureux cholérique au moment de son entrée à l'hôpital ! Chez un troisième malade, la *saignée* faite au pli du coude fut suivie de phlegmon et de gangrène partielle du bras et de l'avant-bras ; le sujet mourut en deux jours.

Je n'ai pas eu à déplorer, pour mon compte, les méfaits des vésicatoires, mais plusieurs fois les *sinapismes* appliqués (avant l'entrée à l'hôpital) aux membres inférieurs ont produit des eschares superficielles ; ces eschares, spécialement chez une femme âgée que j'ai dû conserver longtemps dans mon service, ont été parfois difficiles à guérir.

Par contre, les injections de caféine et d'éther, que j'ai accusées déjà d'avoir provoqué un certain nombre d'abcès sans gravité, ont causé sous mes yeux, dans deux cas, un accident effroyable : la *gangrène septique, foudroyante, emphysémateuse.* La chose est, bien heureusement, fort exceptionnelle. Je n'ai trouvé dans les auteurs qu'un seul fait comparable : Simmonds mentionne, sans commentaires, un cas de phlegmon emphysémateux : il fait remarquer seulement que le sujet n'avait subi aucune opération.

L'un de mes cas se rapporte à un homme de trente-six ans, atteint de choléra galopant et subissant la transfusion intra-veineuse à droite, le troisième jour. Le quatrième jour (matin), je constate à la cuisse gauche, au siège habituel des injections sous-cutanées, une saillie arrondie, douloureuse, non crépitante. Le soir, la tuméfaction s'accentue et, malgré la morphine, le malade passe une mauvaise nuit. Le cinquième jour, gonflement énorme de la cuisse, du genou et du tiers supérieur de la jambe; peau livide, crépitation gazeuse manifeste, douleurs atroces. Malgré l'emploi du thermocautère, qui met en liberté les gaz développés sous la peau, la mort survient dans l'après-midi.

Dans le second cas, il s'agit d'une femme de cinquante ans, chez qui le choléra foudroyant fut contrarié et prolongé par les transfusions intra-veineuses trois fois répétées. Le troisième jour, mêmes signes que chez le malade précédent, à la cuisse gauche. Mort au bout de vingt-quatre heures.

Tout en proclamant hautement la responsabilité des germes introduits par la seringue de Pravaz, je ne puis m'empêcher de tenir compte, en présence de catastrophes aussi imprévues, de la prédisposition du terrain morbide.

Le *décubitus* serait fréquent, d'après les auteurs, chez les cholériques qui parfois baignent littéralement dans leurs déjections, et cela surtout dans les cas où la maladie évolue lentement. Or, on sait que le choléra lent est d'une rareté relative; on connaît, d'autre part, l'importance des précautions hygiéniques, des lotions fréquentes, de l'usage des antiseptiques et des poudres absorbantes, du renouvellement incessant des linges souillés, au point de vue de la prophylaxie des escharos.

Aussi n'aura-t-on pas de surprise lorsque je dirai que, dans mon service, les effets désastreux du décubitus ont pu être fort atténués. Très souvent j'ai vu de l'érythème, de la rougeur et même des excoriations légères à la région sacrée et aux fesses; presque jamais d'eschares profondes, comparables à ce qu'on observe, par exemple, dans la dothiénentérie; jamais de décollements étendus, jamais de mise à nu du squelette.

La tétanie.

C'est au mémoire de Rayer, en 1832, qu'il faut remonter pour trouver la première mention de la tétanie. Briquet et Mignot en ont observé six cas. Citons ensuite les cas de Trousseau, de Fernet, de Gombault, de Potain, de Marrotte, de Duflocq, d'Oddo.

Cette complication, rare dans l'enfance, est l'apanage spécial de la femme et surtout de la femme récemment accouchée. Chez les jeunes hommes, elle est possible, mais exceptionnelle. Elle survient pendant la convalescence.

Tantôt les contractures sont limitées aux extrémités ; c'est d'abord l'opposition forcée du pouce, puis la contracture des fléchisseurs de l'avant-bras et du bras, enfin celle des extenseurs de la jambe et du pied. Ici, pas de douleur, pas d'accès : durée trois ou quatre jours.

Tantôt, les contractures se généralisent ; elles procèdent par accès et s'accompagnent de phénomènes généraux ; angoisse extrême, fréquence du pouls, fièvre, trismus, douleurs.

Le seul cas mortel est un des cas de Potain.

VI. — LE DIAGNOSTIC

C'est seulement au début des épidémies que des observateurs non prévenus peuvent hésiter à reconnaître le *choléra grave*. Dès qu'on a observé quelques malades, le doute devient impossible.

A la période prodromique et pendant *le stade phleg-morrhagique*, on pourrait songer à une diarrhée simple, à une indigestion, à une gastro-entérite, à un embarras gastro-intestinal, à une grippe à forme gastro-intestinale, à un empoisonnement par les champignons ou par les viandes avariées, si l'on n'avait pas, à côté des signes cliniques, le secours si précieux de la bactériologie.

Au stade d'algidité, on pourra éliminer facilement les accidents produits par la hernie étranglée, par les péritonites aiguës, par les hémorrhagies externes ou internes. Le collapsus algide consécutif aux crises gastriques des tabétiques (Charcot) et le refroidissement des urémiques sont généralement faciles à rapporter à leur véritable cause.

Si le choléra est *sec*, on se rappellera, d'après Lasègue, que le gargouillement persistant de la fosse iliaque et l'aspect du ventre ont plus d'importance, au point de vue du diagnostic, que les évacuations intestinales.

La *fièvre pernicieuse algide* occupe une telle place dans la pathologie des pays chauds qu'elle cause de fréquentes erreurs. C'est à cette maladie qu'on songe, en particulier, lorsqu'on constate l'hyperthermie centrale que j'ai signalée dans le choléra foudroyant et galopant. Dans les rapports sur le choléra écrits par nos médecins militaires au Tonkin en 1885, Demmler a trouvé souvent cette phrase : « On avait cru d'abord à des accès de fièvre pernicieuse et administré du sulfate de quinine. »

La *suette cholérique*, ou *choléra sudoral*, a été observée, dit-on, au cours de certaines épidémies. D'après les descriptions des auteurs, il y aurait non pas anurie mais polyurie au début et, d'autre part, les sueurs profuses mettraient fin aux hésitations.

Les *empoisonnements* ont pu causer des méprises regrettables.

On se rappelle la scène fameuse du livre où Eugène Sue a tiré si habilement parti des événements à jamais mémorables de 1832. Rodin pâlit affreusement et se sent glacé, puis il brûle ; il éprouve d'horribles convulsions. Tout à coup, rassemblant ses forces, il se dresse droit et roide comme un cadavre, ses cheveux hérissés autour de sa face verte : « Cardinal Malipieri, s'écrie-t-il d'une voix strangulée, cette maladie est trop subite ; on se défie de moi à Rome ; vous êtes de la race des Borgia, et votre secrétaire était chez moi ce matin..... On m'a empoisonné ! » (1).

Le tartre stibié et le sublimé ont été parfois incriminés. Plus souvent, c'est l'arsenic : vomissements, diarrhée, évacuations aqueuses, soif ardente, pouls petit, refroidissement, facies abdominal, prostration, crampes des mollets, cyanose, anurie, tout serait fait pour induire en erreur si l'analyse des liquides et les renseignements obtenus ne permettaient de découvrir la véritable cause des accidents.

Le collapsus algide qui survient chez les typhiques sans choléra doit être distingué de celui qui trahira l'invasion secondaire du bacille virgule ; de même chez les tuberculeux diarrhéiques.

J'ai été appelé, au printemps de 1893, auprès d'une malade isolée provisoirement au Bastion 36 (désert à cette époque), pour un cas de choléra reconnu la veille par les internes d'un hôpital parisien. Or, cette pseudo-cholérique, l'accès de collapsus algide ayant cédé, offrait les symptômes indiscutables d'une scarlatine légitime. Si la scarlatine elle-même peut simuler le choléra, quelles erreurs ne doit-on pas prévoir ?

Parmi les maladies qui, sans l'examen bactériologique, ne sauraient être distinguées du choléra vrai, il faut signaler certaines infections dues aux *streptocoques* (Beck en a publié récemment un exemple remarquable) et surtout ceux qu'on doit rapporter au *bacterium coli commune* (Gilbert et Girode) et au *bacille de Finkler-Prior.*

Ici, nous touchons à une question essentielle :

(1) Eugène Sue, *Le Juif errant.*

Un cas de choléra étant donné, appartient-il à la variété sporadique ou à la forme épidémique ?

C'est à la découverte de Koch que nous devons la faculté de résoudre aujourd'hui ce problème.

En se plaçant au point de vue de l'hygiène publique et des mesures sanitaires, cette question peut donc se poser ainsi :

S'agit-il d'un choléra à bacilles virgules ou d'un choléra sans bacilles virgules ?

Car le premier doit se disséminer rapidement, l'autre peut rester isolé.

J'indiquerai les moyens qui permettent d'arriver rapidement à la certitude.

Peter a simplifié la question en admettant l'unicité du choléra ; pour lui, *cholérine, choléra avec déjections bilieuses* (ou choléra nostras), *choléra riziforme* (ou indien), tout cela n'est qu'une seule et même maladie, sous un triple aspect. « Il n'y a pas trois choléras, disait-il, pas plus qu'il n'y a trois scarlatines ou trois dothiénentéries. »

Si nous admettions cette conception uniciste dans toute sa rigueur, cela reviendrait à supprimer l'examen bactériologique, dont Peter lui-même reconnaissait l'importance.

Or, je le répète, sans la connaissance des microbes, les différentes variétés du choléra risquent bien de se confondre. Et il ne faut pas attendre le développement d'une épidémie et l'étude de sa marche pour établir les distinctions.

VII. — LE PRONOSTIC

J'ai décrit les allures du choléra et ses variétés cliniques avec assez de détails pour qu'il me soit permis d'être très bref au sujet du pronostic.

On tiendra compte, pour le formuler, de la malignité de l'épidémie, de son âge, du lieu où elle sévit et, pour ne parler que des éléments à nous connus, des circonstances individuelles : chez les affamés, les misérables, les cachectiques, les femmes enceintes, etc., peu d'espoir à conserver ; chez les sujets vaillants et robustes, guérison possible.

On tiendra compte de l'âge des malades. J'emprunte à Ratjen le tableau qui fait connaître le sort de ses 258 cholériques.

CHOLÉRIQUES	DÉCÉDÉS	GUÉRIS
Au-dessous de 2 ans...............	12	3
De 2 à 10 ans.........	20	16
De 10 à 20 ans.........	7	11
De 20 à 35 ans.........	50	26
De 35 à 50 ans.........	51	18
Au-dessus de 50 ans	40	4
Total.....................	180	78

On tiendra compte de la durée de l'algidité, de l'ensemble des phénomènes réactionnels, de la température, du pouls, de l'urination, des complications éventuelles.

On tiendra compte de la nature des déjections. Peter en a montré l'importance. Dans son service en 1892, la mortalité a été de 59.09 pour 100 dans les cas où les selles étaient *séreuses* riziformes ;

28.57 pour 100 dans les cas où les selles étaient *bilieuses* riziformes.

La mortalité était de 36.80 pour 100 sur l'ensemble des cas et de 81.40 pour 100 sur la somme des cas graves (Nanu, Thèse de Paris 1893).

Dans le même service, la mortalité a été de 39.2 pour 100 sur les cas à bacille virgule.

On tiendra compte de la nature des microbes plus

encore que de leur nombre. Gaffky a montré que la gravité des cas n'était pas en rapport avec la quantité des bacilles.

Quand le bacille virgule fait défaut, la guérison a plus de chance de s'effectuer. Mais il ne faut pas croire que le bacille de Finckler-Prior ou le *bacillus coli* soient toujours bénins : ils font de nombreuses victimes.

Les symptômes et les faits cliniques ont été toujours envisagés, dans ce livre, au point de vue du pronostic et du traitement.

J'ai réservé deux choses : l'étude des réflexes pupillaires et celle des réflexes rotuliens.

Coste, de Marseille, a formulé en 1886, après analyse de 127 observations, les conclusions suivantes :

1° Quand, pendant la période algide, les pupilles restent mobiles, on peut toujours émettre un pronostic favorable ;

2° Quand elles sont immobiles, le malade succombe toujours au cours de cette période ;

3° Lorsqu'à cette période les pupilles sont paresseuses, la réaction sera lente.

Je me suis proposé (1) de vérifier les conclusions de Coste et d'acquérir, en outre, des notions exactes sur la valeur pronostique des symptômes patellaires ; je ne connaissais, sur ce dernier sujet, que sept observations de Josias.

Mes recherches ont porté sur 161 cholériques *algides* (116 hommes et 45 femmes).

Trois tableaux résumeront mes observations.

Il suffit de jeter les yeux sur le premier tableau pour voir que, dans cette série de cholériques algides, plusieurs ont refusé d'obéir aux lois de Coste.

On remarquera surtout le grand nombre des malades

(1) L. GALLIARD. *Les réflexes pupillaire et rotulien au point de vue du pronostic dans le choléra* (Soc. méd. des hôp. de Paris, 23 juin 1893).

qui, malgré la mobilité pupillaire du stade d'algidité, ont succombé. Malgré l'inertie pupillaire (myosis), 12 ont guéri.

PUPILLES	NORMALEMENT MOBILES	PARESSEUSES	IMMOBILES
Cholériques guéris, 71	44	15	12
Cholèriques décédés, 82	36	15	31
Total.....153	80	30	43

Le second tableau résume l'étude du réflexe rotulien.

RÉFLEXE ROTULIEN	EXALTÉ	NORMAL	AFFAIBLI	ABOLI
Cholériques guéris, 72	0	38	9	25
Cholériques décédés 81	7	23	6	45
Total........153	7	61	15	70

Il y a trois choses à noter ici :

1º L'exaltation du réflexe rotulien, au stade d'algidité, a été constamment suivie de mort;

2º Chez les cholériques qui ont guéri, le réflexe rotulien était le plus souvent normal à cette période;

3º Chez les cholériques qui ont succombé, le réflexe rotulien était le plus souvent aboli.

Rien de fixe, comme on le voit. Donc, il est impossible de formuler, d'après l'état des pupilles ou du réflexe rotulien, un pronostic ferme.

Existe-t-il un parallélisme entre les deux réflexes ? Sur 144 sujets chez qui l'étude des deux phénomènes a été faite, 36 ont offert une concordance imparfaite, 81 une concordance parfaite ; chez les 27 autres, le parallélisme faisait absolument défaut.

Voici le tableau des 81 cas dans lesquels la concordance ne laissait rien à désirer.

RÉFLEXES PUPILLAIRE ET ROTULIEN SIMULTANÉMENT	NORMAUX	AFFAIBLIS	ABOLIS
Cholériques guéris, 45	31	5	9
Cholériques décédés, 36	15	0	21
Total, ...81	46	5	30

Je puis dire, d'après ce tableau, que l'intégrité simultanée des réflexes rotulien et pupillaire chez les cholériques algides fera présager la guérison dans les deux tiers des cas ;

Que l'abolition simultanée de ces deux réflexes, à la période d'algidité, fera présager la mort dans les deux tiers des cas.

En d'autres termes, si un cholérique algide conserve simultanément ces deux réflexes il a deux chances de salut sur trois ; s'il les perd simultanément, il n'a plus qu'une chance de salut sur trois.

Il est intéressant de constater que, grâce aux progrès de l'hygiène, la léthalité cholérique a tendance à diminuer.

Prenons Hambourg en 1892 : 8,575 décès sur 19,647 malades, soit 43 pour 100 de mortalité. Or, dans les épidémies précédentes, la mortalité avait oscillé entre 46 et 66 pour 100.

A Paris, dans les hôpitaux, en 1884, 587 décès sur 1,080 malades, soit 54.36 pour 100 de mortalité. En 1892, d'après les statistiques publiées par les médecins des hôpitaux, 1,060 cas et 467 décès. La léthalité s'est donc abaissée à 44.05 pour 100.

VIII. — LES LÉSIONS

On peut dire que les cholériques enlevés *pendant la période algide* sont cadavérisés avant la mort. Inutile d'insister sur le desséchement, les plaques violacées de la peau, le rétraction du ventre, etc. La rigidité se produit très rapidement, quelquefois avant le refroidissement complet. Lorsque, pendant l'agonie, la température *centrale* a été haute, elle s'élève encore après la mort ; elle a atteint 42°, 42°5 (Straus).

Plusieurs auteurs ont noté les mouvements spontanés survenant *post mortem*.

Quand, au contraire, la mort n'a frappé qu'à *la période de réaction*, tous ces caractères font défaut.

Je suivrai pas à pas, dans les organes et dans les systèmes, l'évolution des lésions.

PÉRITOINE. — Le péritoine est poisseux. Il semble recouvert d'une solution de gomme. Les anses intestinales sont agglutinées par un enduit visqueux qui s'étire en filaments délicats. Straus a trouvé dans cet enduit des cellules endothéliales granuleuses.

Quelques cellules ont subi la transformation muqueuse.

La péritonite est très rare.

ESTOMAC. — La surface externe, habituellement

moins colorée que celle de l'intestin grêle, est parfois injectée de sang. L'organe contient un liquide diversement teinté, suivant les cas. On a noté, à la période algide, la pâleur de la muqueuse, parfois le ramollissement de cette membrane.

Chez les cholériques morts en réaction, la muqueuse s'injecte partiellement ou totalement. Bouillaud a observé, dans un cas unique, la *gangrène*. Moins rares sont les ulcérations. J'ai signalé (1) un bel exemple d'*ulcérations* gastriques multiples (j'en comptais 30 environ), chez un cholérique de dix-neuf ans, alcoolique, atteint d'hématémèses répétées au cours de la maladie et décédé le huitième jour. Chez une femme atteinte d'angiocholite et de cholécystite suppurées, et dont j'aurai l'occasion de parler ailleurs, la muqueuse gastrique avait une coloration rouge vif ; on voyait d'innombrables petits points rouge foncé et des ecchymoses.

ŒSOPHAGE. — La muqueuse œsophagienne a souvent une teinte rosée et même rougeâtre. J'y ai vu des stries rouge foncé ; dans certains cas, des ecchymoses.

Rayer parle d'un exsudat crémeux, adhérent.

INTESTIN GRÊLE. — Peu de chose à dire de l'aspect rosé ou rougeâtre à l'extérieur.

Lorsqu'on ouvre l'organe, à la période d'algidité, on y trouve une grande quantité de liquide inodore, séreux, mêlé de flocons blanchâtres, et, lorsque ce liquide s'est écoulé, on voit adhérer à la surface de la muqueuse une matière crémeuse ou gélatineuse ; c'est dans cette matière qu'il convient de chercher les microbes. Après lavage, la paroi intestinale se montre d'autant moins colorée que les sujets ont succombé plus rapidement. Au début, il n'y a que la teinte hor-

---

(1) L. GALLIARD. *Ulcérations gastriques multiples chez un cholérique* (Soc. méd. des hôp. de Paris, 18 nov. 1892).

tensia de Broussais. C'est seulement au bout de quelque temps que se produisent les ecchymoses, l'infiltration sanguine de la paroi, visible surtout dans la dernière portion de l'iléon. Les plaques de Peyer sont à peine saillantes (Koch insiste sur la zone d'hyperémie qui les entoure). Au contraire, les follicules isolés sont tuméfiés ; de là cette *psorentérie* dont on a fort exagéré la valeur. C'est à titre d'exception qu'on a signalé des exulcérations, des ulcérations, une coloration noirâtre de la muqueuse ramollie.

À la période de réaction, le liquide intestinal reprend l'odeur caractéristique et se colore par la bile ; au lieu de la coloration hortensia du début, on constate une fine injection de la muqueuse ; les plaques de Peyer sont un peu gonflées, tandis que la psorentérie s'atténue. On a noté à cette période la tuméfaction des valvules conniventes, les ulcérations, la gangrène (Bouillaud, Mouchet), la perforation de l'intestin (Hamerynk).

L'examen histologique du contenu intestinal montre, avec les nombreux microbes, des leucocytes, des cristaux, des cellules épithéliales isolées ou réunies en lambeaux, témoignant de la *desquamation épithéliale* qui est la lésion fondamentale du choléra.

Il y a là, en effet, ce que Straus a pu caractériser par l'expression : *entérite aiguë desquamative.*

Sur les coupes, la desquamation du revêtement est constante et uniforme, quel que soit le point que l'on examine. Cependant elle n'a pas le temps d'atteindre le fond des glandes. Cornil et Babès ont trouvé les cellules du fond et du corps des glandes détachées et vitreuses.

Une autre altération, généralisée à toute l'étendue de l'intestin, c'est l'infiltration nucléaire du tissu adénoïde de la muqueuse, des villosités, des follicules isolés et des plaques de Peyer ; sur le jéjunum et le duodénum, cette infiltration ne dépasse guère la *muscularis mucosæ ;* sur l'iléon elle envahit toute la sous-muqueuse (Straus). La tunique musculeuse est intacte. Le tissu sous-séreux est infiltré de leucocytes. L'endothélium de la séreuse a disparu.

Gros intestin. — Moins de congestion que dans l'intestin grêle, desquamation moins constante. En général, l'hyperémie s'arrête brusquement à la valvule de Bauhin (Griesinger). La psorentérie ne s'observe guère que dans la moitié des cas. A la période algide, on trouve assez souvent de petites ulcérations au niveau des follicules. Les Allemands signalent des membranes diphthéroïdes à la surface de l'organe. La colite pseudo-membraneuse a pu être attribuée, dans quelques cas, à l'usage du calomel. La grangrène du gros intestin serait moins rare que celle de l'intestin grêle : Bouillaud en cite six cas.

Foie. — Généralement exsangue et diminué de volume au début, le foie ne tarde pas à se congestionner, disent les auteurs. Kelsch et Vaillard l'ont toujours trouvé augmenté de volume dans les cas avancés. Tholozan signale un piqueté ecchymotique à la surface. Il y a souvent des taches jaunâtres à contours irréguliers ou des traînées de coloration jaune sale.

C'est au niveau de ces traînées qu'Hanot et Gilbert ont constaté la *tuméfaction transparente* : le protoplasma cellulaire a un aspect vitreux et cesse de fixer les matières colorantes, tandis que le noyau est tuméfié et colorable ; ou bien les cellules sont atrophiées, les granulations normales ayant disparu, le noyau s'étant effacé ; au degré de destruction le plus avancé, elles forment des blocs amorphes, d'aspect vitreux.

D'après Straus, les travées hépatiques sont écartées et ont perdu en partie leur ordonnance radiée ; les capillaires sanguins sont gorgés de sang. Les cellules hépatiques sont déformées, mal limitées, granuleuses ; les noyaux sont parfois multipliés, augmentés de volume et vésiculeux.

Demmler a trouvé le foie malade chez tous ses cholériques au Tonkin, en 1885; d'après l'apparence *macroscopique*, il y avait atrophie jaune aiguë commençante.

VOIES BILIAIRES. — Lésions peu marquées à la période d'algidité. On retrouve dans la vésicule un peu de cette desquamation épithéliale qui est la caractéristique des lésions des voies digestives. Dans un cas Briquet et Mignot ont signalé la cholécystite, le contenu de la vésicule étant jaunâtre et purulent. Les médecins qui, trouvant sur les cadavres la vésicule gorgée de bile, se sont préoccupés de saisir la cause de la non-excrétion biliaire dans le choléra, ont pensé que les canaux pouvaient être bouchés par du mucus; mais la chose n'a guère été démontrée anatomiquement.

A la période de réaction, Briquet et Mignot ont signalé quatre fois la cholécystite; la vésicule contenait, dans trois de leurs cas, un liquide jaunâtre et purulent. Pirogoff a observé dans la vésicule des ecchymoses sous-muqueuses, des plaques diphthéritiques, des ulcérations et même des perforations. Simmonds a noté une fois des eschares de la paroi cystique.

Oddo a vu, dans les grandes voies biliaires, de l'angiocholite non franchement purulente. Chez un sujet autopsié par Girode, l'angiocholite atteignait la convexité du foie où de petits îlots noirs, bien limités, marquaient la place des minces canaux biliaires; en même temps cholécystite intense; pas de suppuration franche cependant; par contre, des bacilles virgules en culture pure dans les voies biliaires.

Chez l'homme de dix-neuf ans, alcoolique, dont j'ai parlé à propos des ulcérations gastriques, la muqueuse de la vésicule avait une teinte rouge vif.

J'ai observé un beau cas d'*angiocholite* des gros troncs et de cholécystite suppurée; c'était chez la femme de trente-trois ans, emportée le dix-huitième jour, dont j'ai relaté l'observation lorsque j'ai décrit l'ictère des cholériques.

Ici, le *foie* était très volumineux, lisse à la surface, avec quelques points ecchymotiques (pas de périhépatite) et très consistant. A la coupe, il était un peu lardacé. Les contours des lobules se voyaient à peine. Pas de cirrhose ; pas de dégénérescence graisseuse visible à l'œil nu, pas de taches jaunes, pas de foyers apoplectiques.

Sur les coupes, la coloration jaune clair des canaux biliaires tranchait sur la teinte brune du parenchyme. Il n'y avait pas d'abcès à leur voisinage, pas même de dilatation des canaux excréteurs de la bile. Les fines ramifications paraissaient saines.

Il fallait arriver jusqu'aux canaux qu'on pouvait ouvrir avec de fins ciseaux, c'est-à-dire au voisinage du hile, pour trouver un liquide louche, épais, purulent. Les canaux cystique, cholédoque et hépatique étant disséqués avec soin, puis ouverts, on trouvait leurs parois tuméfiées et leur lumière remplie d'un liquide purulent. Le pus existait dans les ramifications principales du canal hépatique ; il n'atteignait pas les rameaux délicats.

La *vésicule biliaire*, très volumineuse, débordait le bord tranchant du foie. On remarquait les adhérences qui fixaient sa face supérieure au parenchyme hépatique ; au voisinage de la partie accolée au foie, cette face offrait plusieurs petites plaques jaunâtres, arrondies, ombiliquées au centre, témoignant d'une irritation propagée à l'enveloppe péritonéale de la vésicule. Rien de pareil à l'extrémité libre et à la face inférieure de l'organe ; on voyait là seulement quelques plaques congestives.

La vésicule étant incisée, il s'en écoula un liquide purulent peu lié, avec des grumeaux et des débris membraneux. Quand je versai de l'eau dans la poche cystique, je ne parvins pas à rendre nette la totalité de la surface muqueuse. Il y avait une matière verdâtre, adhérente à la paroi, surtout au fond des aréoles ; cette matière purulente étant détachée à l'aide d'un instrument mousse, on reconnaissait en plusieurs points de petites ulcérations de la muqueuse, ulcérations nombreuses surtout sur la portion accolée au foie, plus rares au fond et dans la portion inférieure de la vésicule.

Une section, qui intéressait du même coup toute l'épaisseur de la paroi vésiculaire et le tissu hépatique, montrait nettement que toutes les tuniques avaient participé sur ce point au processus suppuratif. L'inflammation dépassait le revêtement séreux, si bien qu'entre la vésicule et le foie on découvrait deux clapiers purulents. La péricystite suppurée n'existait pas d'ailleurs dans les portions non adhérentes au foie. Pas de foyer hémorrhagique. Pas de calcul.

La *bile* des cholériques est souvent abondante et d'un aspect absolument normal ; il semble que le foie puisse conserver, au milieu de la tempête, sa sérénité fonctionnelle. Parfois la bile est remarquablement épaisse, visqueuse, vert foncé, noir de sépia, ou rappelant l'aspect du cirage : altérations consécutives aux grandes déperditions aqueuses (Nicati et Rietsch).

Girode a remarqué que si, dans un grand nombre de cas, la vésicule était distendue par une bile verte abondante, elle pouvait aussi se ratatiner et contenir alors quelques grammes de liquide clair comme de l'eau de roche. Dans des cas avancés, Nicati et Rietsch ont trouvé un liquide transparent, incolore, qui distendait la vésicule, et cela chez des sujets atteints en même temps de néphrite. Les altérations de la bile ne sont pas nécessairement liées à l'ictère, qui est exceptionnel, je l'ai indiqué.

Dans 28 cas sur 34 autopsies de Girode, la bile contenait des bacilles virgules ; de même dans 5 cas sur 18 de Nicati et Rietsch.

PANCRÉAS. — Cet organe est sain d'habitude. Chez un sujet âgé, qui d'ailleurs portait une cirrhose du foie et qui avait succombé le treizième jour, Girode l'a trouvé volumineux, dur, bosselé, marbré de taches congestives, au milieu desquelles se trouvaient des points jaunâtres correspondant aux canaux pancréatiques obstrués par un liquide louche, demi-purulent. Ce liquide contenait des bacilles virgules.

RATE. — La diminution du volume de la rate est un des traits caractéristiques du stade d'algidité. L'organe est ratatiné, ridé à la surface, pâle, exsangue. Tholozan a trouvé la rate tuméfiée dans la moitié des cas. La chose est possible à la période de réaction, où néanmoins les auteurs s'accordent à attribuer simplement à la rate un volume normal; quelquefois des infarctus (Griesinger), du ramollissement et même des ruptures (Niemeyer).

GANGLIONS LYMPHATIQUES. — Ceux du mésentère, généralement sains, offrent parfois du ramollissement et de la tuméfaction. Je les ai trouvés remarquablement développés dans un cas de choléra à marche rapide.

REINS. — Les altérations macroscopiques et même histologiques des reins se réduisent à bien peu de chose d'habitude dans les cas foudroyants. Les reins sont peu volumineux à la période algide; plus tard, ils peuvent être augmentés de volume.

Rumpf et Simmonds (1892), ont constaté dès la quatrième heure des lésions typiques. En général, ce n'est qu'après dix ou douze heures de maladie que les altérations s'affirment. D'abord, l'épithélium des canalicules contournés se tuméfie, puis le contour des cellules devient indécis. Dès le deuxième jour, les vaisseaux sont gorgés de sang, l'épithélium desquame, la lumière des canalicules se remplit d'un détritus finement granuleux ; on trouve des cylindres hyalins ou granuleux. Rarement, d'après les mêmes auteurs, les cellules subissent la dégénérescence graisseuse ; rarement il y a nécrose nucléaire. A partir du dix-huitième jour, on trouve encore des traces de détritus granuleux et de cylindres, mais les cellules épithéliales semblent normales. La substance corticale pâlit progressivement, tandis que la substance médullaire conserve sa coloration rouge foncé.

Charcot et Cornil ont décrit les lésions des tubuli, les cylindres, la dégénérescence graisseuse des cellules épithéliales. Cette dégénérescence n'a pas été admise par tous les histologistes.

Straus rapproche les lésions cellulaires de la nécrose de coagulation de Weigert ; cette nécrose a été admise également par Klebs en 1887.

Dans les tubes collecteurs, l'épithélium est desquamé.

Dans les espaces conjonctifs intertubulaires, œdème aigu, exsudat albumineux sans leucocytes (Kelsch, Straus).

Pour ce qui concerne, en résumé, les lésions épithéliales, tout le monde est d'accord sur le rapide effondrement de ces éléments et sur l'analogie qu'offre leur destruction avec celle qu'on observe dans les intoxications (Klebs compare le rein cholérique au rein de l'empoisonnement par l'acide chromique).

L'accord cesse lorsqu'il s'agit des glomérules. D'après les uns, les altérations glomérulaires sont de telle nature (desquamation de l'endothélium de la capsule, multiplication des noyaux du bouquet glomérulaire, exsudat albumineux intercapsulo-glomérulaire), qu'il ne manque rien au rein cholérique pour être rapproché du rein des maladies infectieuses. Pour les autres, au contraire, les glomérules sont respectés ou bien les lésions glomérulaires ne dépassent pas ce que l'on pourrait trouver à la suite de la ligature de l'artère rénale.

Discussion importante, car, pour ce qui touche la pathogénie des altérations rénales du choléra, deux opinions sont en présence :

1° Le rein s'altère parce que le sang cesse d'y circuler et parce que le sang qui y afflue est déshydraté (Griesinger, Bartels, Leyden) ;

2° Le rein s'altère parce qu'il livre passage aux toxines (majorité des auteurs).

En faveur de cette dernière opinion, Klebs invoque avec raison l'existence des lésions rénales chez les cholériques qui ont succombé sans avoir été jamais anuriques.

On trouve souvent des infarctus dans les reins.

Les néphrites chroniques sont rares à la suite du choléra.

Voies urinaires. — On signale, à la période algide, l'injection des calices et des bassinets, la desquamation de ces organes et même celle de la vessie, qui est vide et rétractée. Plus tard, il y a parfois du catarrhe ; la pyélite et la cystite ne sont pas exceptionnelles ; la vessie contient de l'urine.

Organes génitaux. — Congestion fréquente des ovaires, hémorrhagies interstitielles de ces organes dans quelques cas rares (Briquet et Mignot). Les épanchements sanguins de l'utérus vus par Griesinger ont été bien étudiés par E. Fraenkel et Deycke (1893). Ces auteurs ont décrit également dans la muqueuse utérine des hémorrhagies et une nécrose de coagulation de l'épithélium ; parfois des ecchymoses vaginales, une sorte de processus diphthéritique sur la paroi du vagin, des eschares.

Voies respiratoires. — L'aphonie des cholériques pourrait être expliquée, d'après Boltz, par la dégénérescence des muscles du larynx. L'œdème de la glotte et l'infiltration purulente sous-muqueuse (Griesinger) sont des accidents réactionnels rares.

La trachée et les bronches sont souvent encombrées d'épaisses mucosités et de copieux débris épithéliaux; les muqueuses de ces conduits peuvent être rouges, infiltrées de sang.

PLÈVRES. — L'enduit visqueux qui les recouvre au stade algide peut être comparé à celui du péritoine; il contient des cellules endothéliales (Griesinger). Les épanchements ne se montrent jamais à ce moment; ils seraient résorbés s'ils avaient existé antérieurement au choléra. Tardivement, on peut trouver des collections séreuses, et même des collections purulentes, comme celles que Rayer observa chez deux malades.

POUMONS. — *A la période d'algidité,* on rencontre souvent des ecchymoses sous-pleurales. La partie antérieure du parenchyme est pâle, anémiée.

Magendie a insisté, en 1832, sur la fréquence de *l'emphysème.* « Lorsqu'un cholérique ne succombe, disait-il, qu'au bout de trente à trente-six heures, il est rare de ne pas trouver l'emphysème. » Cette lésion s'explique par les grands efforts d'inspiration que font les cholériques asphyxiants. L'emphysème vésiculaire peut être suivi, grâce à la rupture des alvéoles, d'emphysème interlobulaire et même d'emphysème du médiastin et d'emphysème cervico-sous-cutané. J'ai parlé de ces lésions à propos des complications du choléra.

Il faut ajouter ici la congestion des parties postéro-inférieures, les infiltrations sanguines diffuses que Tholozan déclare fréquentes et qui, d'après les auteurs et d'après moi-même, seraient exceptionnelles. Il faut ajouter l'apoplexie pulmonaire et les infarctus cunéiformes disséminés, rencontrés six fois par Kelsch et Vaillard (1885). En 1892, Rommelaere a trouvé dans deux cas de nombreux noyaux de carnification, disséminés dans les deux poumons et constituant des îlots atélectasiques peu volumineux, entourés d'une zone d'hépatisation rouge. Il se fonde sur ces faits pour admettre que la plupart des cholériques enlevés à la période algide sont victimes des accidents pulmonaires. Tholozan n'a rapporté que deux fois et Jules Besnier une fois l'hépatisation pulmonaire à cette période.

A la période de réaction, on trouve l'œdème, la congestion des bases, l'emphysème des régions antéro-supérieures, les infarctus hémorrhagiques et surtout la *pneumonie lobaire* et la *broncho-pneumonie*.

En 1832, Rayer avait trouvé 4 pneumonies dans 40 autopsies. En 1866, Jules Besnier en signalait 7 ; Mouchet publiait 4 cas dans sa thèse.

Depuis l'époque où l'anatomie pathologique de la pneumonie lobulaire ou broncho-pneumonie a été nettement fixée, le domaine de cette maladie s'est étendu aux dépens de la pneumonie lobaire, qui a dû se résigner à un rôle modeste dans les maladies infectieuses. Actuellement, tout le monde reconnaît la fréquence relative de la broncho-pneumonie et la rareté de la pneumonie fibrineuse. Simmonds, en 1892, à Hambourg, a trouvé, dans 150 autopsies, 58 broncho-pneumonies et seulement 4 pneumonies lobaires typiques, au stade d'hépatisation rouge ou d'hépatisation grise. Oddo place deux pneumonies fibrineuses en regard de 12 broncho-pneumonies. Dans le travail que j'ai consacré à cette question, j'ai publié quatre observations de broncho-pneumonie et une de pneumonie lobaire. En 1884, Dubreuilh a constaté la broncho-pneumonie dans la moitié des autopsies qu'il a pratiquées à la période de réaction.

Quelles sont les particularités anatomiques?

« Cette broncho-pneumonie se distingue à l'œil nu, dit Dubreuilh, de celle de la rougeole, de la coqueluche, de la diphthérie, etc., et ces différences tiennent à la rapidité d'évolution du choléra. On trouve, en effet, deux ordres de lésions : la splénisation et les noyaux d'hépatisation, confluents ou non. Mais les noyaux d'hépatisation sont tous du même âge et les lésions sont les mêmes dans toute l'épaisseur de la partie hépatisée, qui a été envahie d'emblée. Aussi n'y trouve-t-on jamais de lésions secondaires, telles que les vacuoles, les abcès et, à plus forte raison, la dilatation des bronches. »

Cette uniformité des lésions me paraît réelle d'une façon générale. Peut-être Dubreuilh aurait-il hésité cependant à la proclamer en ces termes s'il avait observé, comme je l'ai fait, la broncho-pneumonie compliquant le choléra *lent*. Un seul de ses malades, en effet, a survécu jusqu'au treizième jour ; les sept autres ont succombé du cinquième au neuvième jour. Chez une malade morte tardivement, j'ai signalé la coïncidence de l'hépatisation grise avec l'hépatisation rouge.

La *gangrène* pulmonaire est rare. Rayer, Michel Lévy, Rostan en ont signalé des cas isolés. Mouchet l'a observée chez un sujet qui offrait en même temps des îlots pneumoniques. On admet qu'elle puisse succéder à la pneumonie.

Il faut mettre à part les *infarctus* pulmonaires, que Simmonds, a pu attribuer aux transfusions intraveineuses.

Le bacille virgule a été signalé par Mills dans des foyers broncho-pneumoniques. Netter (1) a fait la même constatation dans un cas où le bacille virgule coexistait avec le streptocoque pyogène.

CŒUR. — A la période algide, fréquentes ecchymoses sous-péricardiques (Tholozan), spécialement le long des gros vaisseaux. Cœur gauche petit, contenant peu de sang. Cœur droit distendu par un sang noir qui souvent n'est pas coagulé. Ecchymoses sous-endocardiques du cœur gauche dans plus de la moitié des cas (Tholozan). Faut-il admettre des lésions

---

(1) NETTER Soc. méd. des hôpit. de Paris, 15 juillet 1892).

du myocarde? Plusieurs auteurs signalent la friabilité, le défaut de cohésion des fibres cardiaques.

A la période de réaction, on trouve des caillots fibrineux dans le ventricule droit, avec prolongements dans les branches de l'artère pulmonaire. Dans un cas de J. Besnier, il y avait un infarctus pulmonaire dû à la désintégration d'un caillot fibrineux. Stokes signale un caillot fibrineux du cœur gauche, étendu jusque dans l'aorte. D'après Griesinger, il y aurait parfois des concrétions fibrineuses à la surface des valvules. Certains cas de gangrène des extrémités chez les cholériques peuvent trouver là leur explication.

Dans le tiers des cas, d'après Simmonds, il y aurait un état granuleux des fibres du myocarde. Bethe admet, dans les cas lents, la dégénérescence graisseuse; cette lésion du myocarde a causé la mort subite d'un convalescent.

VAISSEAUX SANGUINS. — L'endartérite peut survenir pendant la réaction ou chez les convalescents; de là les gangrènes du pied (Laugier, Joffroy, Lamare).

SANG. — Dès 1830, Hermann (de Moscou) montrait le sang visqueux, déshydraté, épaissi, chez les cholériques. En 1832, O'Shaughnessy cherchait à apprécier la diminution de l'eau et des sels contenus dans le sang. On admit que les parties solides du sérum devaient être représentées par le chiffre de 251 à 284 pour 1000, au lieu de 240. Garrod a démontré l'augmentation constante de l'albumine. Le sérum se sépare mal du caillot, qui est mou et volumineux; la fibrine paraît molle, visqueuse, peu élastique. Le sérum a une réaction tantôt neutre, tantôt acide, jamais franchement alcaline (Hayem). L'urée du sang augmente (O'Shaughnessy). Pouchet a signalé la présence des acides biliaires. On peut concevoir l'existence d'autres principes anormaux mêlés au sang (toxines). Quelques-uns prétendent y avoir trouvé des bacilles virgules.

La numération des globules rouges, a été faite d'une façon précise par Hayem; le nombre varie de 6,200,000 à 6,500,000, de sorte que l'augmentation est d'environ 1,500,000. D'après ce résultat, on peut évaluer à 1,150 grammes la diminution de la masse totale du sang, qui est réduite, par conséquent, aux quatre cinquièmes environ du chiffre normal. Le sang contient des globules rouges de faible dimension. Les globules blancs sont augmentés de nombre.

Bien que les globules rouges paraissent normaux (les altérations décrites ont semblé peu importantes à Hayem), on peut affirmer qu'ils éprouvent une sorte de paralysie fonctionnelle; ils sont moins propres à l'hématose. En analysant les gaz du sang, Hayem et Winter ont démontré la diminution considérable de la capacité respiratoire de ce liquide. On avait déjà remarqué, d'ailleurs, qu'agité à l'air le sang défibriné des cholériques rougissait peu.

L'hémoglobine n'aurait pas subi d'altération chimique, car, au spectroscope, on trouve les bandes normales de l'oxyhémoglobine.

MUSCLES. — Boltz (1893) a étudié la musculature du larynx, le diaphragme, les gastro-cnémiens; souvent les fibres avaient perdu leur striation et le protoplasma était trouble et finement granuleux. Rekowski aurait trouvé le bacille virgule dans les muscles.

SYSTÈME OSSEUX. — Eug. Fraenkel affirme que la moelle des os longs présente constamment, au stade d'algidité, des foyers hémorrhagiques circonscrits ou des hémorrhagies diffuses.

SYSTÈME NERVEUX. — A la période algide, les sinus de la dure-mère sont gorgés de sang noir, l'arachnoïde et la pie-mère finement injectées; les ecchymoses sont fréquentes dans le choléra asphyxique. L'arachnoïde est parfois tapissée d'un enduit visqueux (Griesinger). On a signalé, en outre, l'œdème sous-arachnoïdien, les adhérences de la pie-mère à la substance cérébrale, les plaques laiteuses, les taches opalescentes des méninges ; ces dernières seraient même plus fréquentes ici, d'après J. Périer, qu'au stade de réaction. Il faut signaler encore l'hyperémie du cerveau, de la moelle et du bulbe, et l'infiltration sanguine des méninges spinales, l'abondance du liquide céphalo-rachidien. Quant aux altérations des ganglions du grand sympathique, elles n'ont été décrites que sous l'influence d'idées doctrinales.

A la période de réaction, j'ai été souvent surpris de la discrétion des lésions, même chez les sujets qui avaient présenté des phénomènes céphaliques et méningés. « La méningo-encéphalite, disent Briquet et Mignot, est démontrée par les symptômes observés plutôt que par l'apparence des altérations anatomiques. »

L'injection vive de l'arachnoïde et de la pie-mère serait presque constante d'après ces auteurs ; l'œdème sous-arachnoïdien assez fréquent. Il en serait de même des taches opalines de l'arachnoïde et des adhérences de la pie-mère à la substance grise ; quant aux *produits plastiques*, Briquet et Mignot ne les ont vus qu'une fois sur 37 autopsies ; *ils n'ont jamais rencontré de suppuration.*

Chez un cholérique de 58 ans, alcoolique, emporté le vingt-quatrième jour par des accidents méningo-encéphaliques, coïncidant d'ailleurs avec une pneumonie lobaire, j'ai trouvé à l'autopsie une grande quantité de sérosité dans la cavité arachnoïdienne ; au niveau des lobes pariétaux, les méninges étaient épaissies et de chaque côté on voyait une plaque opaline épaisse et assez étendue ; au-dessous de ces plaques, les méninges adhéraient à la substance cérébrale. Il m'a été impossible d'affirmer que ces plaques fussent de formation

récente. Les artères cérébrales étaient athéromateuses.
Dans la substance cérébrale, pas autre chose que de la
congestion.

Les ventricules du cerveau contiennent parfois une
grande quantité de sérosité.

A côté de l'hyperémie banale des substances blanche
et grise, il faut signaler l'hémorrhagie cérébrale,
observée deux fois par Michel Lévy, une fois par Tholozan, une fois par Mouchet.

Le ramollissement partiel du cerveau, du bulbe
(Potain), de la moelle est rare.

En résumé, *fluxion* et *congestion* des méninges et du
cerveau, rarement davantage, malgré la netteté et la
diversité des phénomènes cliniques. Simmonds et
Fraenkel viennent encore d'insister sur ce fait.

C'est dans le liquide céphalo-rachidien d'un cholérique enlevé par des phénomènes méningés, mais
chez qui l'autopsie ne révéla *aucune lésion appréciable*,
que Roger a trouvé le petit bacille (1) désigné par lui
sous le nom de *bacillus septicus putridus*, pour marquer
son origine et son pouvoir fermentatif.

IX. — LES MICROBES

Il faut reconnaitre qu'avant la découverte de Koch
la bactériologie du choléra se réduisait à des données
bien vagues : en 1848, vibrions observés dans les
selles par Virchow ; en 1855, micro-organismes
animés de mouvements, vus par Pacini ; en 1867,
champignon du genre *urocystis* décrit par Bœhm et
Hallier ; enfin, en 1873, recherches très sérieuses de
Hayem et Raynaud aboutissant à l'invention d'une
dizaine de vibrioniens sans caractère spécifique.

(1) ROGER. *Une septicémie consécutive au choléra* (Soc. de
Biol., 29 oct. 1892).

En 1883, la technique avait réalisé d'assez grands progrès pour justifier toutes les espérances.

Le choléra ayant éclaté le 22 juin 1883 en Égypte, deux missions partirent presque simultanément pour Alexandrie : l'une composée de Straus, Roux, Nocard et Thuillier (ce dernier devait être bientôt victime de son dévouement à la science), disciples de Pasteur ; l'autre, allemande, dans laquelle Koch était assisté de Fischer, de Gaffky et du chimiste Treskow.

Plus heureux que nos compatriotes, Koch obtenait rapidement d'importants résultats. Dès le 17 septembre, il adressait au secrétaire d'Etat de Bœtticher, à Berlin, un premier rapport officiel dans lequel il annonçait la découverte d'un bacille analogue à celui de la morve, siégeant dans la paroi de l'intestin, et probablement spécifique. Mais l'épidémie égyptienne déclinait, et, comme les recherches de la commission allemande n'étaient pas terminées, Koch manifestait l'intention de transporter son laboratoire sur un sol plus fécond, c'est-à-dire de gagner les Indes.

Le 30 octobre, après avoir traversé le Caire, il se rendait à Suez, puis visitait les postes quarantenaires d'El Wedj, de Tor et des sources de Moïse.

Le 11 décembre, il atteignait Calcutta et le 14 décembre pratiquait sa première autopsie sur la terre indienne.

Le cinquième rapport de Koch, écrit le 7 janvier 1884, à Calcutta, marque un pas en avant ; le bacille a été trouvé et isolé dans les déjections des cholériques ; il a été cultivé à l'état de pureté.

C'est dans le sixième rapport officiel (Calcutta, 2 février) que nous lisons la première description détaillée du bacille virgule et des colonies qu'il forme dans la gélatine. Tous les résultats obtenus en Égypte sont vérifiés. Koch ne conserve aucun doute sur la spécificité du *Commabacillus*. Il l'a trouvé dans les matières de 17 cholériques et dans l'intestin de 22 sujets emportés par le choléra, tandis qu'en dehors

du choléra le micro-organisme fait complètement
défaut. Une seule chose reste à trouver : le moyen
d'inoculer le choléra aux animaux. Peut-être, d'ailleurs, les animaux sont-ils totalement réfractaires
puisque, même au Bengale, on ne les voit jamais
atteints par la maladie ?

Voici enfin le septième et dernier rapport officiel
(Calcutta, 4 mars) ; le bacille virgule a été trouvé
dans l'eau d'un *tank* ou lac-étang sur les bords duquel
le choléra exerçait ses ravages. Les expériences ont
été d'ailleurs poursuivies dans le laboratoire, mais la
chaleur est déjà si forte que les commissaires allemands se verront forcés de quitter bientôt le pays
où leur initiative scientifique a trouvé de si belles
récompenses.

Critiquée par Finkler et Prior, par Straus et Roux,
par Malassez, par Waters, la découverte de Koch fut
défendue par Nicati et Rietsch, Babes, Doyen, Van
Ermangen et la grande majorité des bactériologues
allemands.

1° Le bacille virgule de Koch.

Où faut-il le chercher ? — A. Dans les autopsies. C'est
l'intestin grêle qu'il faut examiner tout d'abord. Pour
y trouver facilement le bacille virgule, Koch conseille
de choisir les cas à évolution rapide, les cas foudroyants. Très peu abondants au début, ces bacilles
se multiplient activement pendant les vingt-quatre
premières heures ; quand les matières deviennent
franchement séreuses, ils étouffent toutes les autres
bactéries, de telle sorte qu'on a sous les yeux une
sorte de culture pure. Quand on pratique l'autopsie des
cas foudroyants, on voit la muqueuse intestinale à
peine congestionnée, tapissée d'un mucus crémeux où
fourmillent les bacilles. Sur les coupes, on constate
que, grâce à la desquamation épithéliale, ils ont

pénétré dans les couches profondes de la muqueuse, dans les glandes de Lieberkühn et dans le tissu conjonctif qui entoure ces glandes. Les sujets qui ont succombé moins rapidement offrent des lésions plus considérables, mais alors l'intestin contient peu de bacilles virgules et ceux qu'on y rencontre ont subi des modifications régressives ; quelques-uns existent encore dans les culs-de-sac glandulaires, mais le fait n'est pas constant. D'après Koch, le bacille virgule disparaît à la période de réaction. Nicati et Rietsch admettent qu'il ne vit pas au-delà du cinquième ou du sixième jour, en général ; ils ne l'ont jamais découvert après le onzième jour dans les autopsies. Rumpf pense que, jusqu'au onzième jour et peut-être plus tard, il peut conserver dans l'intestin toute son activité ; il l'a trouvé 49 fois après le sixième jour, une fois le dix-huitième jour.

L'*estomac* contient rarement les bacilles virgules qui ne résistent pas à l'acidité du suc gastrique. Cependant, Deycke les a reconnus nettement dans la paroi de l'estomac, disposés comme dans l'intestin.

Le *foie*, la *rate* et le *rein* offriraient ces microbes d'après Doyen. Nicati et Rietsch les ont vus cinq fois dans la *bile ;* Girode les a trouvés dans les *voies biliaires* et dans le *liquide pancréatique ;* Mills dans le *foie*, le *pancréas*, le *rein* et le *poumon ;* Tizzoni et Cattacci dans le *liquide céphalo-rachidien* et la *sérosité périto- néale.*

Je donne ici seulement la technique à employer pour les organes. Le fragment d'organe dans lequel on se propose de rechercher les bacilles virgules doit être plongé dans un mélange à parties égales d'alcool et d'éther pendant deux heures, placé ensuite vingt-quatre heures dans la celloïdine faible, puis dans la celloïdine forte. La coupe étant faite, on la dispose dans l'alcool faible et ensuite dans la solution aqueuse de violet de méthyle ; on la passe à l'étuve et on la traite par le sublimé à 1/100 pendant une minute ;

on la décolore par l'alcool absolu, on l'éclaircit par l'essence de girofle et on la monte.

B. — *Chez les cholériques vivants*, le sang contiendrait des bacilles virgules d'après Tizzoni et Cattacci et d'après Mills, qui les aurait vus aussi dans les crachats. Ces découvertes ont besoin d'être contrôlées. Les *matières vomies* sont généralement indemnes : dans deux cas où elles avaient une réaction alcaline, Koch y a découvert des bacilles virgules.

C'est aux *déjections* qu'il faut s'adresser. Les bacilles virgules sont rares dans la diarrhée prémonitoire, très abondants à la période phlegmorrhagique, absents, en général, pendant la période de réaction. En fixant au douzième jour la limite de l'invention des bacilles virgules, on peut se considérer comme très large. Par exception, le bacille virgule peut persister dans les déjections des convalescents (Cornet), et même après guérison complète. Mills l'aurait vu quarante-sept jours après le début de la maladie.

Il importe de bien établir quel est l'aspect des matières qui contiennent le bacille virgule et à quelle forme clinique du choléra ce microbe appartient.

Le prototype des matières à bacille virgule nous est offert par le liquide blanchâtre à grains riziformes qui reste l'apanage des formes graves ; mais les matières bilieuses, avec ou sans grains riziformes, les déjections diarrhéiques vulgaires et même les matières tout à fait solides (3 cas de Rumpf) peuvent fournir les mêmes résultats bactériologiques. Koch recommande de choisir les flocons muqueux qui nagent dans le liquide intestinal.

Cliniquement, le bacille virgule n'appartient pas seulement au choléra grave ; il se réclame aussi de la cholérine, du choléra léger, de la diarrhée légère. Il peut même être fourni par des individus *parfaitement bien portants*, qui sont susceptibles, comme les autres, de colporter le choléra !

Rumpf insiste sur ce fait que le bacille est parfois

présent dans l'intestin, sans qu'il soit possible d'en faire la preuve avant quelques jours.

Au début de l'épidémie de 1892, à Hambourg, les cultures ont été lentes à se développer (soixante-douze heures). Quand l'épidémie a atteint son maximum, l'activité du bacille augmentant, il suffisait de vingt-quatre heures pour que la culture permît le diagnostic.

Morphologie et biologie du bacille virgule. — Pour observer les bacilles virgules, on étale les mucosités provenant de l'intestin sur une lamelle, on laisse sécher à la température ordinaire et on colore pendant trente secondes dans une solution concentrée de violet de méthyle ou de fuchsine ; on lave ensuite rapidement. La préparation peut être desséchée par un courant d'air et montée dans le baume.

Doyen recommande la technique suivante : on place la préparation pendant dix minutes dans un bain d'eau d'aniline, additionnée de violet de méthyle à 40° ; pendant huit minutes, on la soumet à l'action de la solution iodo-iodurée de Gram. On lave à l'alcool absolu, on traite par l'essence de girofle, on lave encore à l'alcool absolu ; on plonge enfin la préparation dans une solution aqueuse de fuchsine. On lave, on sèche à l'air et on monte. Les bacilles sont colorés en rouge ; les autres bactéries en violet foncé.

Dans une préparation faite de cette manière ou dans une culture récente, le bacille virgule a l'aspect d'un bâtonnet long de $1\ \mu 5$ à $2\ \mu 5$, large de $0\ \mu 2$ à $0\ \mu 3$, plus ou moins recourbé, figurant parfois une demi-circonférence. Les bords sont lisses, les extrémités mousses ou légèrement effilées.

Lorsque deux éléments se trouvent bout à bout, ils forment une S ; s'ils s'ajoutent les uns aux autres en grand nombre, on les voit figurer de longs filaments en spirale ou des lignes ondulées, surtout lorsque les cultures ont été faites dans les bouillons.

Les bacilles sont animés de mouvements très vifs et

très rapides à la température de 30° à 35°. A 16°, les mouvements cessent.

Quand les flocons filamenteux (colorés par la solution de fuchsine de Ziehl étendue, suivant le conseil de Koch) contiennent d'abondants bacilles, on croirait avoir sous les yeux des bandes de petits poissons : tous les éléments sont orientés dans le même sens. D'après Koch, de tels amas sont absolument caractéristiques ; dès qu'on aperçoit cette disposition, on peut affirmer l'existence du choléra indien.

Lorsqu'on veut suivre le développement ultérieur de ces éléments, il faut ensemencer une parcelle de gélatine disposée en culture cellulaire et installer celle-ci sur une platine chauffante réglée à 22° centigrades. Les bâtonnets courbes s'allongent en forme de *spirilles* et les mouvements diminuent. Quand les spirilles ont atteint une longueur de 4 à 5 μ, les extrémités recommencent à se mouvoir, puis se détachent et forment de nouvelles virgules.

Les virgules de nouvelle formation, soumises à l'action des matières colorantes, offrent souvent à leurs extrémités des zones foncées, qu'on a prises pour des spores.

Les *spores* doivent-ils être admis ? Hüppe, observant une culture cellulaire, a vu parfois, sur un point du spirille, se développer deux corpuscules arrondis et brillants, s'entourant bientôt d'une zone gélatiniforme. Ces corps sphériques représenteraient, pour lui, des arthrospores qui germeraient directement et fourniraient des bâtonnets courbes. Ils auraient une résistance plus grande que les simples bâtonnets. Les vieilles cultures qui en contiendraient seraient encore fertiles après une année.

« Après dix heures de culture sur l'agar à 36°, disent Cornil et Babès, on trouve des bacilles plus petits que le bacille tout à fait développé, mais qui ont déjà tendance à s'incurver. Si l'on fait avec ces bacilles une culture dans la chambre humide, en les inoculant sur une goutte de bouillon faiblement coloré par une solution aqueuse de violet de méthyle β, on trouve, après quinze à vingt heures, des bacilles ayant 1 μ 5 sur 0 μ 4 d'épaisseur. Le violet de méthyle se fixe surtout aux deux extrémités du bacille, ce qui a pu faire croire à l'existence des spores. Mais ces parties foncées sont mal limitées ; elles sont mobiles, se rapprochent du centre à mesure que le bacille grandit ; puis elles se séparent en laissant entre elles une raie claire qui indique le commencement de la division. C'est immédiatement après cette division que les bacilles ressemblent le plus à des virgules : une concavité, une convexité, une extrémité plus effilée que l'autre. »

Vers le sixième jour, les cultures s'épuisant, on voit surgir des formes dégénératives qui ont causé de fréquentes erreurs. Les virgules deviennent plus grosses et plus courtes, et portent à leurs extrémités de petits kystes sphériques, réguliers ou déformés. De telles monstruosités ont été décrites par Ferran comme normales et prises pour des organes reproducteurs.

Le bacille virgule se montre toujours avide d'oxygène ; il est dit *aérobie* (on verra plus loin comment il faut comprendre la chose). Lorsqu'on examine les bacilles privés d'oxygène, les mouvements cessent rapidement.

Cultures. — Les cultures se font mal dans l'eau stérilisée ; elles réussissent mieux dans l'eau chargée de matières organiques. Elles sont contrariées par les bactéries de putréfaction (Koch). Les déjections conservées dans une chambre humide (Klebs et Cecci) offrent pendant deux ou trois jours des bacilles virgules en grand nombre, puis les autres espèces les étouffent. Même résultat avec l'ensemencement des linges mouillés (Van Ermangen).

Le *procédé de Schottelius* est commode lorsque les bacilles sont peu abondants et lorsqu'on désire des résultats rapides : on mélange les déjections de cholériques avec un volume double de jus de viande stérilisé ; au bout de douze heures, à 30°, la surface du liquide se recouvre de bacilles virgules en culture presque pure. Au bout de peu de jours, les bactéries de putréfaction font disparaître ces micro-organismes (Schottelius).

Les *cultures sur peptone*, récemment préconisées par Koch, fournissent des renseignements plus rapides encore. On prend une solution aqueuse stérilisée de peptone à 1 %, additionnée de 1 % de sel marin et alcalinisée par la soude ; on l'ensemence et on la place dans l'étuve à 37°. Si les déjections sont opulentes, on peut voir, *dès la sixième heure*, à la surface de la solution de peptone, une culture pure de bacilles virgules ; si elles sont pauvres, le résultat est plus lent, mais il ne faut pas attendre plus de douze heures pour pratiquer l'examen.

Les *cultures sur plaques de gélatine à* 10 % ont fait leurs preuves entre les mains de Koch. Au bout de vingt heures, on aperçoit dans la gélatine maintenue à 22° de petits points blanchâtres inégaux ; ceux de la couche supérieure sont moins exigus que ceux de la couche inférieure ; ils représentent de petits disques granuleux, presque transparents, à bords un peu sinueux, quand on les regarde à un faible grossissement. Le second jour, l'apparence granuleuse s'accentue ; on croirait voir une agglomération de petites perles de verre brillant. Le troisième jour, les bords deviennent dentelés et perdent leur netteté, tandis que la liquéfaction de la gélatine s'effectue ; la colonie s'enfonce dans une cavité capuliforme. Le quatrième jour, on aperçoit autour d'une sorte de noyau jaunâtre à bords déchiquetés une zone annulaire de gélatine liquéfiée. Bientôt, la liquéfaction de la plaque est complète ; on ne trouve plus qu'un liquide trouble, jaunâtre, dont l'odeur rappelle l'urine de souris ; au bout de quelques jours, les colonies renferment de nombreux éléments dégénérés.

Les *cultures en tubes* offrent un aspect caractéris-

tique. La gélatine ayant été ensemencée à la suite
d'une prise faite au centre de la colonie, on voit, dès
la vingtième heure une petite dépression à la surface,
au point d'inoculation. Au bout de vingt-quatre heures,
excavation très prononcée en forme de calotte sphé-
rique ou ovale, au fond de laquelle on trouve un peu
de liquide. Le deuxième jour, l'espace vide a doublé ;
on a l'illusion, en regardant de côté, d'une bulle d'air
incluse dans la gelée; au-dessous, le canal de la piqûre
se présente sous l'aspect d'un prolongement effilé,
blanchâtre. La liquéfaction à 20° n'atteint que le
sixième ou septième jour les parois du tube. A 16°,
elle se ralentit beaucoup.

Sur l'*agar peptonisé*, le bacille virgule forme, au
bout de vingt heures, à 37°, des colonies blanchâtres,
bien limitées qui, en vieillissant, prennent une teinte
brunâtre avec un aspect mamelonné.

Sur la *pomme de terre*, on voit, vers 37°, une
mince couche brunâtre, autour de laquelle la surface
de la pomme de terre offre une blancheur éclatante.

La *réaction* des cultures est toujours franchement
alcaline. L'*odeur* est fade.

La *réaction du rouge du choléra* (réaction de l'indol),
due à Bujwid, a été tenue pour caractéristique ; mais
on a démontré qu'elle pouvait être fournie par le
bacille de Finkler-Prior, le *spirillum tyrogenum* et
le *sputigenum*. Pour l'obtenir, il faut ajouter de l'acide
sulfurique ou de l'acide chlorhydrique à une culture
pure sur peptone contenant des nitrates ; on détermine en quelques minutes une coloration rouge toute
spéciale. Les autres cultures se prêtent moins bien à
l'expérience (Koch).

Influence de la température. — Le développement
s'effectue bien à 20° ; la meilleure température est
comprise entre 30° et 40°. Au-dessous de 16°, la vitalité persiste, mais l'accroissement cesse. A 10° au-
dessous de 0, le bacille n'est pas détruit. Pendant
plusieurs jours, il supporte une température de 45° ; à

50°, il meurt au bout de quelques jours. A 75°, il succombe rapidement.

Vitalité du bacille dans l'eau. — La dessiccation est fatale au bacille virgule, même lorsqu'elle est progressive ; un morceau de linge imbibé de déjections et desséché est impropre aux ensemencements.

Babès a montré qu'à la latitude de Berlin le bacille pouvait passer l'hiver entier à l'air libre, à condition d'être humidifié et nourri d'une façon convenable.

L'eau semble servir plutôt de véhicule que de milieu de nutrition au bacille. D'après Straus et Dubarry, son pouvoir végétatif est de quatorze jours dans l'eau distillée, de trente jours dans l'eau de l'Ourcq, de trente-cinq jours dans l'eau de la Vanne. Nicati et Rietsch l'ont vu se maintenir vingt jours dans l'eau du port de Marseille. Koch a trouvé le bacille vivant pendant quatre-vingt-un jours dans cette même eau, trente jours dans l'eau de puits.

La recherche du bacille dans l'eau est fort délicate. Koch mélange à 100 centimètres cubes de l'eau suspectée un gramme de peptone et un gramme de sel de cuisine, et maintient la solution à 37° ; au bout de dix, quinze et vingt heures, il ensemence des plaques d'agar ; les colonies obtenues sont reportées sur peptone et sur agar.

Vitalité dans les matières fécales. — Cette vitalité serait, d'après Gaffky, très durable. Cependant, Uffelmann a mélangé des matières fécales et de l'urine avec une culture très riche de bacilles virgules, puis divisé la masse en deux parties ; l'une, soumise à une température de 17° à 22°, n'offrait plus, au bout de quatre jours, aucun bacille en état de se reproduire ; l'autre, maintenue de 7° à 9°, ne présentait plus, au bout de vingt-quatre heures, un seul bacille. Les expériences d'Uffelmann l'ont conduit à admettre que les bacilles vivent au maximum quatre jours dans les matières et que, dans la majorité des cas, ils ne résistent guère plus de deux ou trois jours.

Vitalité dans la terre. — Contrairement à l'opinion de Koch, Hueppe pense que le bacille virgule n'a pas besoin d'un milieu humide pour se développer et se multiplier ; il peut le faire dans un milieu sec. D'autre part, dans un milieu nutritif approprié, ces microbes peuvent vivre sans oxygène, et c'est même alors qu'ils fournissent le poison le plus énergique. Sur le sol, ils redeviennent aérobies. Il y a là un argument en faveur de la doctrine de Pettenkofer, d'après laquelle le bacille virgule doit passer par un *substratum* pour acquérir de la résistance aux agents extérieurs.

Les expériences de Hueppe et Wood montrent l'influence des variations de la nappe souterraine. Les oscillations verticales de cette nappe règlent l'humidité des couches superficielles du sol dans lesquelles les bactéries cholériques se multiplient. Si l'humidité du sol est excessive, les bacilles pénètrent avec l'eau et ne peuvent avoir de contact avec l'oxygène de l'air ; si, au contraire, l'humidité permet l'accès de l'air, les bacilles se multiplient comme aérobies. Lorsque la nappe souterraine vient à plonger au moment où les couches superficielles possèdent des germes actifs, le choléra peut se manifester.

D'après Giuxa, une humidité de 15 pour 100 pour la terre de jardin et l'argile et de 8 pour 100 pour le sable est suffisante à la reproduction du bacille virgule ; dans le sol non stérilisé, riche en bactéries vulgaires, le bacille disparaîtrait du deuxième au septième jour.

Les substances dans lesquelles ont vécu les bactéries de la putréfaction empêchent le développement du bacille virgule (Cornil et Babès).

Vitalité dans diverses substances. — Dans le lait, Heim a démontré la persistance et le développement du bacille pendant plusieurs jours. Dans le beurre, il vit un mois. Dans le fromage, il meurt en vingt-quatre heures ; dans le vin, en quelques minutes ; dans les infusions de thé ou de café, en deux heures. Les bacilles virgules vivent deux heures dans l'intérieur des groseilles, vingt-quatre heures dans les abricots, plusieurs jours dans les cerises douces, les poires, les concombres. Lorsque la surface des fruits est humide, ils résistent de cinq à sept jours.

Sur les légumes (feuilles de laitue, choux, etc.), ils se maintiennent en vie pendant treize ou quatorze jours (Dunham).

Résistance aux antiseptiques. — Pour tuer les bacilles, il suffit de quelques gouttes de solution d'acide chlorhydrique à 1 pour 100. Les acides organiques sont moins efficaces que les acides minéraux.

Dans les bouillons de culture, on peut empêcher un développement en ajoutant 1 pour 100,000 de sublimé, 1 pour 5,000 de sulfate de quinine, 1 pour 2,500 de sulfate de cuivre, 1 pour 400 d'acide phénique.

Le lait de chaux, employé en Allemagne pour la désinfection des matières des cholériques, anéantit les bacilles à condition qu'on le mélange intimement à ces matières (Pfuhl).

Les toxines du bacille virgule. — J'en réserve l'étude pour le chapitre de la physiologie pathologique.

Inoculation aux animaux. — Koch se plaignait, dans ses rapports datés de Calcutta, de n'avoir pas réussi à inoculer le choléra aux animaux, malgré le soin qu'il prenait de pratiquer les injections septiques *directement* dans l'intestin. Nicati et Rietsch (1884) ont eu le mérite de réaliser, les premiers, le *desideratum* du savant berlinois. Ayant injecté dans le duodénum des chiens, après ligature du canal cholédoque, des cultures de bacilles virgules, ils virent les animaux mourir au bout d'un ou de plusieurs jours ; l'intestin de ces animaux était gorgé d'une purée laiteuse où fourmillaient les bacilles virgules. Mêmes lésions chez les cobayes, à la suite de l'injection dans le duodénum, sans ligature du cholédoque, des matières virulentes. Les symptômes observés pendant la vie étaient la diarrhée, les vomissements (chien seulement), la cyanose et l'algidité.

A son tour, Koch a obtenu des résultats positifs : il injecta d'abord dans l'estomac une solution de carbonate de soude, destinée à neutraliser le suc gastrique ; puis il y introduisit la culture pure de bacilles virgules, et, cela fait, il paralysa l'intestin en injectant dans le péritoine une petite quantité de teinture d'opium.

Doyen a montré qu'on pouvait, dans cette expérience, remplacer la teinture d'opium par une quantité égale d'alcool.

Les animaux foudroyés en moins de vingt-quatre heures ont l'intestin injecté, rétracté, couvert d'un enduit crémeux, adhérent, dans lequel fourmillent les bacilles virgules.

Gamaleïa (1888) exalta d'une façon singulière la virulence du vibrion cholérique en le faisant passer du cobaye au pigeon. Après quelques passages, le sang des pigeons contenait des bacilles en grand nombre ; une goutte de ce sang tuait les pigeons et les cobayes, à moins qu'on ne les eût rendus réfractaires en leur inoculant des cultures non virulentes.

Le vibrion à virulence exaltée a été trouvé en 1892 par Wlaeff, Vincenzi, Savtchenko. Or, Gamaleïa (1) démontre que l'accroissement de la virulence se produit lorsqu'on élève à 3, 4, 5 % la quantité de chlorure de sodium dans le milieu nutritif du vibrion. N'aurions-nous pas là l'explication de la malignité spéciale du microbe dans la terre au moment où s'abaisse la nappe souterraine !

Expérimentation sur l'homme. — Si les expériences faites avec les déjections de cholériques ingérées (celle de Bochefontaine, par exemple, en 1884) ont échoué, cela tient à l'acidité du suc gastrique, qui, comme Koch l'a démontré, réduit le bacille virgule à l'impuissance. Je laisserai de côté ces tentatives, pour par-

(1) Gamaleïa (Acad. des sciences, 31 juill. 1893).

ler seulement des effets produits par l'ingestion des cultures.

En 1892, à Munich, Pettenkofer prit, dans une solution alcaline, un centimètre cube de culture fraîche faite dans du bouillon avec des bacilles virgules envoyés de Hambourg par Gaffky. Le premier jour et le lendemain, rien de spécial ; le troisième jour, quatre selles plus ou moins liquides, avec gargouillement persistant, mais état général satisfaisant. Pettenkofer n'ayant rien changé à son alimentation habituelle, la diarrhée dura encore cinq jours ; les matières continrent des bacilles en grand nombre qui disparurent, tandis que les matières devenaient consistantes. L'urine resta normale.

Emmerich fit la même expérience : il eut une diarrhée assez intense et parfois des selles riziformes renfermant le bacille à l'état de culture pure ; mais l'état général ne fut pas troublé, l'appétit resta excellent, la sécrétion urinaire fut à peine diminuée.

Résumé pratique d'après Koch (1). — En présence d'un cas suspect, il faut d'abord examiner au microscope les flocons filamenteux contenus dans les déjections. Si le résultat est indubitable, on se contente d'ensemencer sur peptone et sur plaques de gélatine. Si l'examen microscopique laisse des doutes (cela arrive dans la moitié des cas), il faut ensemencer sur gélatine et sur peptone ; à partir de la sixième heure. on examine les cultures sur peptone et, si l'on trouve des bacilles recourbés, on les ensemence sur l'agar ; dix heures plus tard, on reporte les bacilles de l'agar sur la peptone ; enfin, on recherche sur la peptone la réaction du rouge.

Si les colonies sont mal développées, il faut réensemencer sur peptone jusqu'à ce qu'on obtienne soit la réaction du rouge, soit une quantité de culture pure suffisante pour l'inoculation aux animaux.

(1) Koch (*Zeitschrift für Hyg. u. Infectionskankh.*, 1893).

2° Les autres microbes.

C'est un article de foi chez les Allemands qu'en dehors du bacille virgule de Koch il n'y a pas de choléra indien. Avec quel dédain superbe n'a-t-on pas accueilli, au congrès de Wiesbaden (avril 1893), la statistique de Lesage et Macaigne, d'après laquelle, dans 35 °/₀ des cas de choléra mortel, le commabacille aurait eu l'audace de faire défaut !

Nous n'abdiquerons pas cependant toute liberté d'examen, surtout lorsqu'il s'agit d'un microbe qui, après tout, a ses variations, ses inconséquences et ses caprices. On peut très bien porter dans l'intestin des commabacilles et faire encore très bonne figure ; on peut aussi porter uniquement d'autres microbes et mourir avec les symptômes du choléra d'importation.

Il importe, d'ailleurs, de savoir avec quels micro-organismes le bacille virgule consent à cohabiter dans l'intestin.

On peut considérer comme exceptionnelle la coïncidence du bacille d'Eberth et du bacille virgule, telle que l'a signalée Rommelaere dans deux cas ; il faut, pour la réaliser, qu'un typhique soit atteint secondairement du choléra. Plus fréquente est l'association du bacille virgule avec le *bacterium coli commune*. Nanu l'a constatée seize fois à Necker, en 1892. Cet auteur a vu une fois le *bacterium termo* avec le bacille virgule.

Le *bacterium coli* peut exister à l'état de pureté chez des malades qu'il est difficile de distinguer cliniquement de ceux qui fournissent le bacille virgule ; mais la mortalité est moins élevée chez eux ; dans ces cas, il ne s'agirait, d'après les Allemands, que de choléra sporadique.

Le *bacille de Finkler-Prior* a été cherché vainement dans les grains riziformes par Koch et van Erman-gen. Ce bacille, confondu parfois avec celui de Koch,

ne caractériserait, d'après l'opinion actuelle, que le
choléra nostras ou sporadique.

X. — LA PHYSIOLOGIE PATHOLOGIQUE.

Le choléra est une intoxication. Personne n'hésite
plus à admettre cette vérité.

Quelle est la nature du poison ? Comment agit-il sur
l'organisme ? Sur quels systèmes, sur quels organes
porte-t-il ses atteintes ?

Depuis longtemps, les auteurs ont expérimenté sur
les animaux ; l'ingestion des déjections cholériques a
donné des résultats étudiés par Thiersch, Guttmann,
Baginski, Ch. Robin, Legros, etc.

En 1884, Bouchard retira des matières intestinales
une quantité considérable de matières alcaloïdes,
parmi lesquelles il en put isoler une, cristallisant en
longues aiguilles. En injectant aux animaux l'urine des
cholériques, il détermina la cyanose, les crampes, la
diarrhée, l'hypothermie. L'extrait alcoolique d'urine
des mêmes malades provoquait la somnolence, l'albuminurie, la diarrhée et la mort en deux jours.

La connaissance du bacille virgule ne tarda pas à
faciliter la tâche des expérimentateurs. Presque en
même temps, Koch et Straus avaient admis théorique-
ment l'existence d'un poison soluble, sécrété par ce
bacille et absorbé par l'intestin malade.

Nicati et Rietsch, ayant filtré sur le filtre Pasteur
des cultures vieilles de huit jours, injectèrent dans les
veines des cobayes (plus rarement des chiens) le
liquide ainsi obtenu : les animaux eurent des vomissements, de la diarrhée, de la parésie des membres
inférieurs, et, à l'autopsie, l'intestin présenta des
taches ecchymotiques.

A la deuxième conférence de Berlin, Koch apporta

des observations analogues, faites à l'aide d'un liquide privé de bacilles, comme celui de Nicati et Rietsch, et injecté sous la peau du cobaye : algidité, ralentissement de la respiration, paralysie du tronc postérieur, mort.

G. Pouchet a extrait des déjections cholériques et aussi des cultures pures du bacille virgule une substance huileuse, possédant les réactions générales des alcaloïdes et extrêmement toxique.

Villiers a obtenu, en traitant les organes des cholériques (surtout l'intestin, mais aussi le rein et le foie) par la méthode de Stas, un alcaloïde liquide dont l'odeur rappelle celle des fleurs d'acacia, et qui produit l'arythmie cardiaque et le tremblement musculaire.

V. Gauthier a extrait des liquides de l'intestin une ptomaïne qui déterminait, suivant les doses, une diarrhée passagère ou des crampes, des contractures, des convulsions suivies de mort.

Mêmes effets par l'action de la ptomaïne cristallisable obtenue par Klebs à l'aide de cultures faites sur du poisson cuit.

Mêmes effets caractéristiques dans la seconde série d'expériences de Nicati et Rietsch.

Gamaleïa a isolé deux substances toxiques, l'une vaccinale, supportant la température de 120°, se dissolvant dans l'alcool (probablement une peptone), l'autre précipitée par l'alcool et détruite à 70° (toxalbumine).

Une toxopeptone a été étudiée par Petri et Scholl. Brieger, Frænkel, Kitasato ont extrait des cultures pures de bacilles virgules des toxalbumines qui donnaient chez les animaux des résultats positifs.

La cadavérine et la putrescine trouvées par Brieger dans les cultures du bacille virgule ne paraissent avoir ici qu'une importance secondaire. Rose, assistant de Quincke, les a cherchées vainement dans les selles riziformes, tandis qu'il les découvrait, au contraire,

dans l'intestin et dans l'urine de sujets qui ne por- .
taient pas le bacille virgule.

Les liquides vomis ont fourni récemment à Alt
une toxalbumine semblable à celles de Frænkel et de
Kitasato.

Pfeiffer pense que la toxine peut n'être mise en
liberté qu'au moment où le bacille lui-même succombe.

D'après Grüber et Wiener, la toxine est bien produite par le bacille, mais aux dépens de l'organisme
infecté.

Tout récemment (1893), Emmerich et Tsuboï ont
soutenu que l'empoisonnement était dû aux véritables
produits de l'activité vitale du bacille, c'est-à-dire à
l'*acide nitreux* et aux *nitrites*.

Le poison, quelle qu'en soit l'essence, déserte rapidement la cavité intestinale où il a été sécrété, pour
passer dans les voies lymphatiques et sanguines et se
diffuser dans l'organisme. C'est aux centres nerveux
qu'il porte les coups les plus redoutables.

Il faut se rappeler ici ce que j'ai dit à propos des
lésions rénales : les canalicules du rein sont oblitérés,
les éléments toxiques ne peuvent être entraînés avec
l'urine; de là, les accidents d'ordre urémique. Pour
quelques-uns, il y aurait une cholémie due aux lésions
hépatiques. Ajoutons les accidents septiques admis par
quelques auteurs à la période de réaction typhoïde.

Bouchard admet une double intoxication dont il
expose le mécanisme et les effets de la manière suivante :

« A côté de l'infection, il existe, dans la pathogénie
du choléra, une *intoxication secondaire* et conséquente
à l'infection.

« C'est à elle qu'il convient d'attribuer la cyanose,
la réfrigération, les troubles respiratoires, le hoquet,
la diarrhée spéciale, la desquamation intestinale, les
crampes, la déshydratation des tissus, l'albuminurie,
l'anurie...

« Mais bientôt survient une nouvelle intoxication

qui s'associe à la première ou alterne avec elle ; elle se traduit par la torpeur intellectuelle, la diminution du sentiment, la somnolence, le coma. Les pupilles deviennent punctiformes. Le rythme respiratoire est celui de l'urémie. Cet ensemble symptomatique apparaît avec l'anurie.

« Cette *urémie* de la période secondaire du choléra n'est pas l'intoxication urémique ordinaire par des poisons issus de quatre sources. Il n'y a lieu d'incriminer ici ni l'alimentation, ni les putréfactions intestinales, ni la résorption biliaire. Le poison vient, ici, de la désassimilation.

« Si donc l'on ne voit pas figurer dans l'urémie consécutive au choléra tous les symptômes que nous sommes habitués à constater dans l'intoxication urémique ordinaire, c'est que plusieurs des sources des poisons urémiques se trouvent supprimées...

« La déshydratation a entraîné avec l'eau toute la potasse des plasmas et une partie de celle des éléments anatomiques. Aussi, quand arrive la période de destruction de la matière, ce sont moins la potasse et les matières minérales qui sont surabondantes dans le sang que les matières organiques et extractives...

« En résumé, le choléra nous fournit l'exemple d'une *double auto-intoxication :* par un produit anormal, c'est l'intoxication cholérique proprement dite ; par des produits normaux, c'est une variété d'intoxication urémique. »

Faut-il chercher à expliquer en détail tel ou tel symptôme ?

Je n'ai pas à revenir sur les résultats trop évidents de la déshydratation du sang et de la déshydratation des tissus, non plus que sur l'anoxémie et la dyspnée qui en est la conséquence.

On a pensé que l'irritation intestinale déterminait, par voie réflexe, l'adynamie cardiaque. Marey a invoqué une excitation du grand sympathique pour expli-

quer le spasme des vaisseaux sanguins, l'asphygmie,
la rétraction des capillaires.

Disons simplement que, si l'intestin résorbe une
grande quantité de toxines et si l'organisme n'est pas
en état d'éliminer ces toxines par les voies naturelles,
l'accès cholérique sera grave ou mortel ; particulièrement redoutables seront les effets de ces toxines sur le
système nerveux central.

Que si, au contraire, la dose de poison est faible ou
si, étant forte, elle trouve un organisme prompt à l'éliminer, l'accès cholérique sera léger.

XI. — LE TRAITEMENT.

Dans une discussion récente, Dujardin-Beaumetz ne
craignait pas de prononcer ces paroles : « Pour ce qui
est de la thérapeutique du choléra, j'en suis arrivé à
un *scepticisme absolu*. Le cholérique est un être réfractaire à toute médication. Je dirai plus : une thérapeutique active lui est plutôt nuisible. »

Quant à moi, je ne saurais me croiser les bras en
présence des cholériques graves. Le devoir du médecin
est d'espérer contre toute espérance. *Quand même !*
voilà sa devise.

En général, l'ardeur généreuse du médecin n'a pas
besoin d'être stimulée. Il faut plutôt le mettre en garde
contre l'enthousiasme que pourraient lui inspirer certains triomphes trop faciles ; il faut lui rappeler que la
cholérine guérit *toujours*, quel que soit le traitement
mis en œuvre, tandis que le choléra pernicieux guérit
très rarement. D'autre part, il convient de lui remettre
en mémoire cette notion très importante : le cholérique, à la période d'algidité, se refuse à absorber et
aussi à éliminer les médicaments ; mais, à la période
de réaction, la circulation redevient active, et alors les
remèdes, accumulés sans prudence dans l'organisme, .

risquent de *faire balle* et de tuer le malade. Voilà pourquoi Dujardin-Beaumetz nous invite à avoir la main légère.

On dit et on répète qu'il n'y a pas de *médication spécifique* du choléra. La chose est vraie. Mais n'est-ce pas déjà beaucoup que de savoir *ce que doit être* une telle médication du choléra? C'est à la bactériologie que nous devons les notions qui nous conduiront un jour, cela n'est pas douteux, à une thérapeutique victorieuse.

La doctrine pathogénique de Koch, qui, malgré les protestations de plusieurs, demeure aujourd'hui debout, se résume, d'après l'expression de Bouchard (1), en trois points :

1° Le choléra est une maladie infectieuse, dont le bacille virgule est l'agent pathogène ;

2° La cavité intestinale est l'habitat exclusif de ce bacille ;

3° Le bacille, ne pénétrant ni dans le sang ni dans la lymphe et ne se répandant pas dans les tissus, ne peut produire les accidents généraux du choléra par le procédé de l'intoxication. Il doit donc sécréter dans la cavité intestinale une matière vénéneuse qui, absorbée à la surface de l'intestin, détermine l'empoisonnement de tout l'organisme.

Il résulte donc de la doctrine de Koch que, lorsqu'on aura tué le bacille dans l'intestin, on n'aura fait que la moitié de la besogne ; resteront les toxines solubles qu'il faudra rapidement anéantir, ou dont on devra précipiter l'élimination. Sans cela, il n'y aura pas de *médication spécifique* du choléra.

Mais, dira-t-on, si telle est la médication spécifique, peut-on concevoir qu'elle soit jamais réalisée?

Assurément, il y a de grandes difficultés à vaincre. Supposons, en effet, que nous possédions un agent parasiticide parfait, c'est-à-dire capable de mettre à

____

(1) BOUCHARD (Congrès de Grenoble, 1885).

mort le bacille virgule *dans l'intestin* sans nuire au malade. A quel moment pourrons-nous le faire ingérer? Ce sera au moment où les premiers signes de l'intoxication seront venus nous avertir de l'existence du bacille et de la diffusion des ptomaïnes. Or, à cette heure, il sera peut-être déjà trop tard, et, tandis que le médicament livrera bataille aux bacilles, le cholérique mourra foudroyé.

Voilà pourquoi il importe d'avoir à notre disposition des moyens qui nous permettront de gagner du temps.

Voilà pourquoi il importe de traiter les cholériques dès le début et d'attaquer vigoureusement la diarrhée prémonitoire.

Le problème étant ainsi posé, dira-t-on qu'il soit insoluble? Osera-t-on répéter le mot de Semmola, qui, en 1884, tenait tout traitement parasiticide du choléra pour une *charlatanerie scientifique ?*

Je vais envisager d'abord les médications dirigées contre le principe morbide lui-même, et les notions acquises dans la recherche du médicament spécifique idéal.

En second lieu, j'examinerai les indications thérapeutiques et leur traitement.

A. — Des médications qui visent le bacille et les toxines.

Les médications qui visent le bacille virgule et les toxines sécrétées par lui doivent aboutir, soit à entraîner simplement au dehors les principes nuisibles, soit à les réduire, dans l'organisme lui-même, à l'impuissance. Je grouperai sous cinq chefs les remèdes employés jusqu'ici.

1° *Traitement par les éméto-cathartiques.* — Les médecins n'ont pas attendu les découvertes bactériologiques pour admettre l'existence des poisons intestinaux et gastriques, et la nécessité de leur élimination. Depuis longtemps ils ont proclamé l'utilité des purgatifs et des vomitifs, au moins au début, chez les cholériques. « Le vomitif, écrit Grisolle, nous avait donné de bons résultats dans l'épidémie de 1832, mais en 1849 nous ne lui avons reconnu aucun avantage ; il en est de même des purgatifs salins, à la suite desquels on voit parfois le choléra se confirmer. »

« On peut prescrire l'ipéca, dit Hayem (1), quand il y a un état saburral et lorsque l'attaque succède à des excès alimentaires. Mais il n'est utile que lorsqu'on peut intervenir dès le début, et l'on doit se garder d'en renouveler l'emploi. Les purgatifs, qui ont été prescrits comme agents de la méthode substitutive, ont échoué dans les épidémies antérieures et doivent être considérés définitivement comme plus nuisibles qu'utiles. »

Il est bien difficile, en effet, la première heure étant passée, de ne pas reconnaître la nécessité de modérer les évacuations gastro-intestinales, dont nous connaissons les graves inconvénients chez les cholériques.

Il existe une médication qui favorise parfois les grandes débâcles, mieux que ne le feront jamais l'ipéca, le tartre stibié, l'huile de ricin, les purgatifs salins ; c'est la transfusion intra-veineuse d'eau salée. On voit certains cholériques, à la suite d'une injection copieuse dans les veines, rejeter, par l'estomac et par l'intestin, d'énormes quantités de liquide, absolument comme si le sérum artificiel avait été versé dans un vase sans fond. Or, pour ma part, je n'ai jamais vu cette transfusion *danaïdienne* amener la guérison des malades. Aussi, suis-je disposé à n'accepter les éméto-cathartiques que comme remèdes de la première heure, et à souscrire aux réserves de Hayem.

D'ailleurs, s'il s'agit d'éliminer les toxines du con-

(1) HAYEM. *Traitement du choléra.* 1885.

tenu gastrique, on a le lavage de l'estomac et, pour celles de l'intestin (du moins du gros intestin), l'entéroklyse.

2° *Traitement par les purgatifs antiseptiques.* — Le prototype des purgatifs antiseptiques est le calomel.

Le *calomel*, considéré par les médecins anglais et américains comme un véritable spécifique du choléra, jouit depuis longtemps d'une grande faveur. On en prescrivait jadis de fortes doses. En 1849, à l'hôpital de New-York, on donnait, en deux heures, à un cholérique 50 grains de calomel *fractâ dosi;* on poussa même jusqu'à 180 grains, et quelques malades prenaient une demi-once en une seule dose. En 1854, les doses furent plus faibles : 60 grains en moyenne.

Il est certain que, si le calomel n'avait pas été différencié des purgatifs vulgaires, on l'aurait administré à doses massives et non réitérées ; or, c'est le contraire qui est arrivé. Le calomel a été employé comme modificateur avantageux des sécrétions intestinales (même en dehors de toute conception bactériologique) et comme cholagogue.

En 1866, Leyden traita par le calomel les cholériques de Königsberg, à qui il donnait 10 ou 20 centigrammes du remède, jusqu'au moment où les matières prenaient une coloration verdâtre. Ziemssen conseilla, plus tard, plusieurs doses initiales de 50 centigrammes, suivies de doses plus faibles. Nothnagel recommanda le calomel sans enthousiasme.

Le calomel a eu cette fortune singulière de réunir à Hambourg (1), en 1892, non pas seulement la majorité, mais la presque unanimité des suffrages ; et, si Frænkel et Rumpf ne l'avaient pas accusé de provoquer parfois la colite pseudo-membraneuse ou la néphrite, rien n'aurait terni l'éclat de sa gloire.

Rieder est le seul médecin hambourgeois qui l'ait

(1) Voir les comptes rendus de la Société de médecine de Hambourg, dans la *Deutsch. Med. Wochens.*, sept., oct. et nov. 1892.

considéré comme inefficace. A côté de lui, tous ceux qui ont publié les résultats de leur pratique dans l'épidémie de 1892 en ont vanté les effets.

Rumpf a donné d'abord une dose quotidienne unique de 30 centigrammes, puis des doses répétées de 2 à 5 centigrammes pour les adultes ; le calomel augmentait souvent la diarrhée et provoquait parfois des vomissements ; mais, comparé aux autres antiseptiques intestinaux, il a sur eux, d'après Rumpf, d'incontestables avantages, à condition d'être administré de bonne heure.

Lauenstein et Ratjen ont prescrit 5 centigrammes par heure. Korach, ayant prescrit, après deux ou trois doses de 50 centigrammes, 3 ou 5 centigrammes toutes les deux heures, se flatte d'avoir calmé de la sorte la diarrhée et les vomissements des cholériques. Heyse a donné 10 ou 20 centigrammes toutes les deux heures, parfois davantage.

Praussnitz n'a pas dépassé 30 centigrammes par jour, en associant le calomel au sous-nitrate de bismuth. Eisenlohr, craignant la colite hydrargyrique, a eu recours aux doses moyennes ou élevées.

Même succès du calomel à Saratow, entre les mains de Tipiakoff, qui a prescrit toutes les heures 6 centigrammes, jusqu'au moment où il voyait les selles se colorer.

Ce n'est pas seulement contre le choléra confirmé que le calomel doit être employé : il faudrait l'utiliser, dit-on, dans tous les cas suspects en temps d'épidémie. A Hambourg, les médecins qui, soignant les cholériques, étaient atteints eux-mêmes de diarrhée rebelle, lui ont dû, d'après Heyse, la cessation complète de leur mal en vingt-quatre heures.

3° *Traitement par les antiseptiques intestinaux.* — Rien n'est plus instructif que l'exposé de Bouchard : « J'ai fait avec sincérité et loyauté l'application de la doctrine de Koch à la thérapeutique du choléra. Etant depuis longtemps en possession des principes et des procédés de l'antisepsie intestinale, je résolus d'employer les médicaments dont j'avais eu à me louer dans bien des cas de putridité de l'intestin, et dont l'association constitue un des éléments de ma méthode de traitement de la fièvre typhoïde : l'iodoforme, déjà employé par Vulpian, et la naphtaline déjà conseillée par Rossbach. 1 gramme d'iodoforme et 5 grammes de naphtaline ont été administrés chaque jour à un état de division tel que chacun de ces médicaments présentait en surface un développement de 60 mètres carrés. Si la doctrine de Koch était exacte, si l'agent pathogène habitait exclusivement l'intestin, je devais maîtriser le choléra. Or, sur mes 44 cholériques, j'ai eu 29 décès. C'est une mortalité de 66 pour 100. Cette moyenne prouve que ma thérapeutique a été absolument inefficace. »

Donc, maniée par les mains expérimentées de Bouchard, l'antisepsie intestinale a échoué : c'est qu'elle a atteint le microbe sans arriver jusqu'aux toxines ; elle n'a fait que la moitié de la besogne dont je parlais précédemment. Fallait-il persévérer dans la même voie après l'insuccès éclatant de Bouchard ?

L'*iodoforme* a été, récemment encore, préconisé par Bujwid (de Varsovie), qui se contente de doses faibles, et par Neisser, qui indique comme maximum la dose quotidienne de 1 gramme.

La *naphtaline*, mélangée aux milieux de culture à 5 pour 100, retarde ou empêche le développement du bacille virgule ; voilà pourquoi Pernice l'a recommandée après Bouchard.

Le *charbon*, conseillé par Guéneau de Mussy et Biett en 1832, a été délaissé : c'est un antiseptique trop faible pour le bacille virgule.

Je ne parlerai ni de l'*alun*, ni du *nitrate d'argent*, ni des *sels de cuivre*, ni de l'*arsenic* et de ses composés, ni des *sels de zinc*, ni du *sulfate de quinine*.

Le *protoiodure de mercure* a échoué.

Le *sublimé* a donné de bons résultats à Yvert, en 1888, au Tonkin. Sur 46 cholériques traités par la liqueur de van Swieten à dose faible, 36 ont guéri. Ce médecin s'est servi du sublimé comme prophylactique et a réussi.

Le *sulfure noir de mercure*, préconisé par Socrate Cadet et, en 1884, par Cornucci, a rendu des services. Hayem a reconnu, en 1873, que, prescrit à la dose de 1 gramme par heure pendant les douze premières heures, ce remède arrêtait la diarrhée prémonitoire.

L'*eau chlorée*, considérée par quelques-uns comme un spécifique, a paru inefficace, sinon nuisible, à Rumpf qui l'a employée.

Le *tannin* est un antiseptique ; mais, comme on ne l'a donné qu'en lavements (entéroklyse de Cantani) et que, malgré certaines affirmations, nous ne pouvons admettre qu'il ait ainsi dépassé la valvule iléo-cœcale pour atteindre l'habitat des bacilles, je le réserve pour un autre chapitre.

La *créosote*, comme le tannin, n'a été guère administrée qu'en lavements. Rumpf a constaté que, prise par la bouche, elle déterminait une insupportable sensation de brûlure et provoquait les vomissements.

La *créoline* peut être rapprochée, à ce point de vue, de la créosote. Paul Guttmann, Rumpf et Lauenstein ont essayé une potion contenant 5 grammes de créoline pour 200 grammes de véhicule, à prendre en vingt-quatre heures. Les malades se sont plaints, ont vomi presque toujours et aucun d'eux n'a guéri. Korach pense que la créoline peut nuire aux cholériques.

Le *salol*, grâce aux expériences de Lœwenthal, devait faire naître les plus grandes espérances. Lœwenthal, en effet, a démontré que le salol, résistant à l'action du suc gastrique et pénétrant dans le duodénum, pour s'y décomposer en acide phénique et acide salicylique, pourrait, *sous l'influence du suc pancréatique frais*, tuer là le bacille virgule.

Fort de ces notions, Lœwenthal préconisait le salol, d'abord comme prophylactique à la dose de 6 grammes par jour, puis comme curatif, en débutant par 4 grammes et en donnant ensuite 1 gramme par heure.

Depuis la publication des travaux de Lœwenthal, le salol a conquis une si large place parmi les antiseptiques intestinaux, que partout les médecins devaient saisir l'occasion d'employer cette arme excellente.

Peut-on dire aujourd'hui qu'elle ait fait merveille ?

A Hambourg, Eisenlohr a vu les doses fréquemment répétées de 1 ou 2 grammes réussir dans les cas moyens, mais demeurer absolument sans effet dans le choléra algide ; Rumpf a vu le salol constamment échouer, même après l'avoir administré dès le début de l'attaque. Il a essayé d'injecter sous la peau des malades le salol dissous dans l'éther : même insuccès. Rieder n'a pas été plus heureux ; d'après lui, les résultats que donnent les injections sous-cutanées de cette solution doivent donc être attribués à l'éther, et non au salol ; administré par la voie buccale, le salol est immédiatement vomi. Korach regrette d'avoir perdu son temps, au début de l'épidémie, à prescrire ce médicament inefficace. A Berlin, Paul Guttmann déclare que les vomissements des cholériques sont exaspérés par le salol. Dans un cas, il a fait prendre le salol comme prophylactique à un homme sain, et cela n'a pas empêché le choléra de se déclarer.

Je suis disposé, pour mon compte, à mettre en doute l'efficacité du salol chez les cholériques. Plusieurs fois, je l'ai prescrit à la dose de 4, 6 ou 8 grammes par jour, quand l'acide lactique était mal toléré ou vomi, et jamais je n'ai obtenu de résultat nettement favorable. D'ailleurs, le remède n'est pas très facile à administrer, puisqu'il est insoluble dans l'eau, et son goût déplaît souvent aux malades. Je n'ai pas essayé les injections sous-cutanées d'éther salolé.

Doit-on penser, avec Leudesdorf, que le salol soit

nuisible aux cholériques, et, avec Frænkel, qu'il puisse causer chez eux des néphrites, à l'exemple du calomel ? La chose me paraît difficile à juger. Il nous suffit de savoir qu'il a trompé les espérances des physiologistes et qu'il n'a pas guéri les malades.

Le *salicylate de bismuth* se décompose dans l'intestin, comme Vulpian l'a démontré, en oxyde de bismuth et acide salicylique. Il réussit dans la cholérine, mais n'a guère d'action dans le choléra grave. Barié (1) l'a associé à l'extrait thébaïque, sans dépasser 3 grammes par jour et s'en est bien trouvé. J'ai vu, au cours de l'épidémie de 1892, un pharmacien de la ville qui avait pris, en deux jours, 60 grammes de ce remède sans obtenir aucun résultat ; je l'ai guéri par l'acide lactique, donné d'abord à la dose de 20 grammes. J'ai prescrit souvent avec succès le salicylate de bismuth à la période de déclin de la maladie.

Le *sous-nitrate de bismuth* est un antiseptique moins énergique que le salicylate. Merveilleux remède, personne ne l'ignore, dans les diarrhées banales, il est impuissant chez les cholériques graves.

Les acides. — Koch a démontré que, si l'ingestion des bacilles virgules demeurait sans effet, soit chez les animaux, soit chez l'homme, c'est que ces microbes rencontraient dans l'estomac un agent parasiticide : le suc gastrique. Il est donc rationnel d'acidifier autant que possible, en temps d'épidémie, le contenu de l'estomac et de condamner les alcalins. D'autre part, il faut choisir des acides assez stables pour traverser la cavité stomacale et atteindre l'intestin grêle, où réside le bacille virgule.

D'ailleurs, la médication par les acides n'est pas nouvelle. En 1832, on la préconisait déjà en Allemagne, et, depuis lors, elle a été reprise plusieurs fois.

L'*acide sulfurique* a été employé, en 1866, par J. Worms, qui prescrivait le mélange suivant :

(1) B A R I É (Soc. des hôp. de Paris, 18 nov. 1892).

Décoction de salep édulcorée...... 150 grammes.
Acide sulfurique, 3, 4 ou.......... 5 —

En Angleterre, Sproston a vanté la mixture suivante :

Eau distillée de menthe........... 120 grammes.
Acétate d'ammoniaque .... 60 grains.
Sirop de framboise............... 12 —
Acide sulfurique dilué.......... .. 8 —

Récemment encore, les instructions officielles anglaises contenaient l'indication de la limonade sulfurique et d'une potion à l'acide sulfurique.

Au début de l'épidémie de 1892, un médecin de Chicago, Almon Brooks, écrivit aux médecins de Hambourg pour leur recommander d'injecter sous la peau des cholériques, en une seule fois, un mélange ainsi composé :

Acide sulfurique dilué......... $1^{gr}35$
Chlorhydrate de morphine .... 1 centigramme.
Eau distillée .... 45 grammes.

Plusieurs l'essayèrent, mais aucun n'eut à s'en louer. Lauenstein vit même se produire, chez quatre malades, de la gangrène de la peau au siège des injections.

L'*acide chlorhydrique* mériterait, semble-t-il, la première place, puisque, à l'état physiologique, il existe déjà dans l'estomac. Quelques médecins l'ont prescrit aux cholériques. Rumpf et Eisenlohr déclarent qu'il s'est montré absolument inefficace.

L'*acide tartrique* sert à fabriquer une limonade excellente que les malades, avides de boissons acidulées, recherchent toujours. J'ai fait dans mon service un grand usage de cette limonade (15 grammes d'acide tartrique pour 1 litre d'eau sucrée) qui m'a été utile, mais sur laquelle je n'ai jamais compté pour réaliser complètement la cure des cholériques.

L'*acide citrique* doit être employé, comme l'acide

tartrique, à titre d'adjuvant. La limonade au citron aura toujours un rôle modeste dans le traitement du choléra.

L'*acide salicylique* détruit le bacille virgule ; la chose a été démontrée par Nicati et Rietsch. C'est, en général, le salicylate de bismuth qui a été administré, dans ces derniers temps, aux cholériques. Cependant, Rommelaere a fait prendre d'heure en heure, à un cholérique désespéré, des lavements contenant 5 grammes d'acide salicylique, et le malade a guéri.

L'*acide borique*, proposé par quelques-uns, n'a pas encore fait ses preuves comme antiseptique intestinal.

L'*acide phénique*, malgré son action connue sur le bacille virgule, n'a pas été employé à l'état simple. On s'est contenté de le savoir présent dans le salol.

L'*acide lactique* a été préconisé d'abord par Hayem dans les diarrhées bacillaires de l'enfance ; Lesage a affirmé qu'il n'y avait pas de meilleur antiseptique intestinal. Aussi figura-t-il en tête des remèdes recommandés contre le choléra, au début de l'épidémie de 1892, par le Conseil d'hygiène. Dujardin-Beaumetz soumit à la Société de thérapeutique la formule suivante :

Acide lactique...............	10 grammes.
Sirop de sucre...............	90 —
Alcoolat d'orange ou de citron.	2 —
Eau.......................	1000 —

En prendre trois cuillerées à soupe tous les quarts d'heure.

Malgré les critiques de Bucquoy, Constantin Paul, Créquy, on fit généralement à Paris un très bon accueil aux prescriptions du Conseil d'hygiène, et l'acide lactique devint bientôt le médicament *à la mode*. Que dire des résultats obtenus ?

Peter déclare que l'acide lactique, donné à la dose de 4 à 6 grammes par jour, n'a paru produire aucun effet.

Siredey s'exprime ainsi : « L'acide lactique, qui a été presque partout en faveur, n'a pas paru combattre la diarrhée aussi efficacement que je l'espérais. »

Bourcy, qui, sur 42 cholériques, n'en a perdu que 14, a fait usage de l'acide lactique.

Delpeuch (1) dit qu'il a d'abord usé largement de l'acide lactique chez ses malades ; mais le remède ne lui a pas paru suffisant, puisqu'il a eu recours ensuite aux lavements de créosote pour arrêter la diarrhée.

Barié déclare qu'il a prescrit plusieurs fois (?) l'acide lactique à la dose de 20 grammes, mais c'est à l'opium et au salicylate de bismuth qu'il attribue surtout ses succès thérapeutiques : 20 pour 100 de mortalité seulement sur un ensemble de 64 cas.

En rendant compte des faits observés, en 1892, à l'hôpital Saint-Antoine, Hayem (2) s'exprime de la façon suivante : « L'acide lactique a rendu des services considérables, surtout au début et dans les formes non foudroyantes. Dans quelques cas, il est rejeté par les vomissements : il faut alors pratiquer le lavage de l'estomac. Chez les malades traités par Lesage, la limonade lactique a été d'une efficacité incontestable dans les formes non algides et accompagnées seulement d'une faible dépression thermique. Lorsque l'algidité a été, au contraire, très prononcée, l'acide lactique s'est montré à peu près inutile. »

A Hambourg, on n'a guère usé de l'acide lactique.

Eisenlohr déclare que ce médicament lui a paru (comme l'acide chlorhydrique d'ailleurs) assez indifférent. Rumpf parle avec le même dédain de ces deux acides.

Lauenstein a combiné, dans une série de cas, l'usage de l'acide lactique avec l'entéroklyse de Cantani, mais ses malades, dit-il, n'ont pas tardé à refuser le remède, qu'il a dès lors remplacé par le calomel.

Il m'est permis d'émettre au sujet de l'acide lac-

(1) DELPEUCH (Soc. des hôp. de Paris, 11 nov. 1892).
(2) HAYEM (Acad. de méd., 8 nov. 1892).

tique une opinion personnelle, car j'ai employé systématiquement ce remède pendant toute la durée de l'épidémie au Bastion 36.

Dans tous les cas graves, mes cholériques recevaient, le premier jour, une limonade composée de 1 litre d'eau sucrée et de 15 grammes d'acide lactique, avec l'autorisation de l'étendre d'eau glacée ou de la mélanger, s'ils le désiraient, avec la limonade tartrique qu'on leur donnait à peu près à discrétion. La plupart se plaignaient du goût désagréable de la limonade lactique, disant que la boisson était *trop forte*; quelques-uns la vomissaient immédiatement; mais, comme on avait la précaution de la faire prendre par petites gorgées, comme on donnait dans l'intervalle des morceaux de glace, de la cocaïne ou du menthol, on arrivait presque toujours à la faire tolérer aux malades. Ceux qui manifestaient une répugnance invincible, ceux qui vomissaient malgré les précautions prises, ceux-là rejetaient aussi bien les boissons que je substituais à la limonade lactique et, dès lors, leurs chances de guérison devenaient bien faibles.

J'estime qu'il est toujours possible de triompher de là répugnance des malades et de leur faire accepter un médicament qui a l'immense avantage d'être soluble dans l'eau.

D'ailleurs, j'abaissais aussi rapidement que possible la dose quotidienne à 10 grammes et même à 5 grammes. Les 99 cholériques graves que j'ai eu la satisfaction de voir guérir, et parmi lesquels 65 ont évité la transfusion intraveineuse, ont été traités par l'acide lactique.

4° *Traitement par les toxines.* — Dans cette catégorie d'agents thérapeutiques, je ne trouve à citer, comme ayant passé du laboratoire à la salle d'hôpital, que l'*anticholérine* de Klebs.

Klebs admet que le bacille-virgule, absolument comme les organismes supérieurs, sécrète des poisons de deux ordres : les uns nuisibles à soi-même, ou *autotoxines*, les autres nuisibles à autrui, ou *allotoxines*. Ce sont les autotoxines que Klebs a imaginé d'utiliser pour détruire le bacille chez l'homme et qu'il se flatte d'avoir isolées.

Le liquide qu'il a obtenu en faisant agir l'alcool absolu sur les cultures tue le bacille virgule. Il guérit les cobayes du choléra et les vaccine même contre cette maladie. Inoculé à l'homme (Klebs l'a démontré sur lui-même et sur un autre médecin), il ne provoque pas d'accident.

C'est sur les indications de Klebs, venu à Hambourg pendant l'épidémie de 1892, que Manchot a utilisé le nouveau remède. Il injectait sous la peau des cholériques 6 ou 7 centimètres cubes d'anticholérine le premier jour, 5 ou 6 le second jour, 3 seulement le troisième jour, 1 ou 2 le quatrième jour. Chaque malade recevait, en moyenne, de 15 à 18 centimètres cubes et pas davantage. Le chiffre maximum a été de 30 centimètres cubes chez un cholérique qui a succombé, d'ailleurs, le septième jour avec une pneumonie du sommet droit et dont l'intestin contenait encore des bacilles virgules. L'injection d'anticholérine provoquait une réaction manifeste : élévation de température de 2° en moyenne, disparition de la cyanose, urination ; mais souvent cette réaction demeurait incomplète et il fallait pratiquer la transfusion intra-veineuse. Parfois, on notait un frisson et un accès fébrile durant quelques heures.

Manchot a remarqué que les malades ainsi traités pouvaient guérir rapidement et qu'ils évitaient l'état fébrile secondaire (ce que j'ai appelé moi-même *l'état fébrile du dixième jour*) qu'accompagne, dans certains cas, l'érythème cholérique.

Sur 31 cholériques graves, l'anticholérine en a guéri seulement 10 ; la mortalité, dans cette série restreinte, a donc été de 67.7 pour 100, encore faut-il rappeler que la transfusion intra-veineuse n'a été évitée que dans 8 cas favorables. De plus, l'anticholérine n'a pas tué les bacilles ; à la suite des injections sous-cutanées, on les trouvait presque toujours dans les matières et avec des caractères qui ne permettaient pas de songer à une dégénérescence.

L'anticholérine de Klebs a fourni à Bela Angyan (de Buda-Pesth) 9 guérisons sur 19 cas très graves.

5° *Traitement par le sérum sanguin d'animaux vaccinés.* — Rumpf est le seul auteur qui ait cité des tentatives de cet ordre (congrès de Wiesbaden, 1893); insuccès chez 35 cholériques.

B. — Des indications thérapeutiques
et de leur traitement.

Parmi les médicaments que j'ai passés en revue, il n'y en a pas un seul qui mérite le nom de spécifique. D'ailleurs, il est difficile de concevoir un remède qui réponde à *toutes* les indications du choléra grave ; l'action de ce spécifique idéal aura toujours besoin d'être préparée et soutenue par une série de manœuvres accessoires.

Quelles sont les indications thérapeutiques du choléra et comment devons-nous répondre à ces indications ?

1° *Arrêter la diarrhée et calmer les coliques.* — Je ne reviendrai pas sur les médicaments rangés dans les précédentes catégories et qui tous visent ce but. Je ne parlerai pas non plus des modestes astringents.

L'*opium* régnait en maître dans la thérapeutique du choléra, lorsque, en 1866, Leyden le condamna comme défavorable. On l'a accusé, depuis cette époque, de déprimer les malades et aussi (expérience de Koch) de retenir dans l'intestin paralysé les toxines dont il importe de précipiter l'élimination. Ses partisans ont répondu qu'il favorisait l'action des antiseptiques intestinaux en prolongeant la durée de leur contact avec les bacilles.

En 1892, l'opium a paru inutile à Rieder et à Rommelacrc, dangereux à Ratjen, à Rumpf, à Eisenlohr. Heyse souhaite qu'il soit banni à jamais de la thérapeutique du choléra, car il détruit les effets de la transfusion et provoque le collapsus.

Cependant, Tipiakoff l'a souvent associé aux sels de bismuth, et Barié, qui a une statistique très favorable, déclare que l'opium lui a toujours réussi.

Tout dépend de la gravité des cas et de la période où l'on agit. Personne n'ignore que, bien souvent, la diarrhée initiale du choléra a pu être enrayée par le laudanum ou par l'élixir parégorique (lequel contient de l'extrait d'opium et du camphre), dont on a prescrit des doses de XX gouttes plusieurs fois répétées dans la journée; mais, dès qu'il y a tendance au collapsus, l'opium peut être dangereux.

2° *Arrêter les vomissements.* — C'est surtout pour calmer et pour éviter les vomissements qu'on recommande aux cholériques (puisque la soif ardente les condamne à boire) de prendre par petites gorgées de l'eau glacée, de l'eau de Seltz froide, des limonades acides. On conseille aussi l'eau chloroformée, l'éther, le menthol (doses variant de 50 centigrammes à 1 gramme); j'ai employé avec succès le chlorhydrate de cocaïne à la dose de 2 ou 3 centigrammes. Enfin, plusieurs médecins ont pratiqué le lavage de l'estomac avec l'eau bouillie (Hayem, Lesage), ou avec une solution faible d'acide lactique (Delpeuch) et ne craignent pas de préconiser ce procédé thérapeutique, bien qu'il paraisse pénible aux malades. On a abandonné la révulsion à l'épigastre, qui était pratiquée jadis.

3° *Calmer les crampes.* — Pour cela, rien ne réussit mieux que les bains et la transfusion de sérum artificiel. On peut avoir recours, en cas de vive souffrance, aux injections de morphine.

4° *Réchauffer les malades et stimuler la circulation*

périphérique. — Les cholériques peuvent être comparés aux sujets asphyxiés par le froid. C'est pour cela qu'il a paru rationnel de les traiter, comme les malheureux qu'on trouve roidis dans la neige, par l'eau glacée et les affusions froides. Depuis l'épidémie de 1832, cette pratique a passé de mode et généralement on a adopté les bains chauds.

En 1892, les bains chauds ont été employés, à Paris, dans la plupart des services hospitaliers. Chez les cholériques algides, dit Hayem, les bains chauds, durant vingt minutes, et répétés toutes les deux ou trois heures. provoquent une élévation de température de 1 à 2° et, en même temps, le relèvement du pouls, la disparition des crampes, le retour des urines. Siredey loue également les excellents effets des bains, à condition qu'on s'en abstienne pendant la période de réaction. Mathieu a vu, comme Siredey, des convulsions survenir à la suite des bains chauds chez des cholériques qui offraient les signes de l'intoxication urémique. Delpeuch déclare que, contre l'algidité et la cyanose, les bains à 40° sont sans effet. A Hambourg, la balnéation chaude a paru réussir dans les cas d'intensité moyenne; dans les cas graves, il a toujours fallu recourir en même temps aux transfusions.

Il est bon de pratiquer d'énergiques frictions, d'envelopper les membres dans l'ouate, de mettre dans le lit des boules d'eau chaude. Quant aux procédés qui ont pour but de provoquer la sudation (enveloppement dans le taffetas gommé, bains de vapeur), ils peuvent activer la réaction, mais déterminent souvent du malaise. Eviter les sinapismes, qui provoquent parfois des eschares.

5° *Stimuler le cœur.* — A côté des stimulants et des toniques (acétate d'ammoniaque, rhum, cognac, champagne, thé, café), dont il faut user avec prudence et qui, souvent, provoquent des vomissements, nous avons à notre disposition la caféine et l'éther que nous injectons sous la peau. Ces médicaments sont susceptibles de retarder, d'empêcher même parfois, le collapsus algide.

Barié se loue des lavements d'éther.

Delpeuch préconise les injections sous-cutanées de sulfate de strychnine, qu'il préfère aux injections de caféine et d'éther.

On verra que le meilleur stimulant du cœur est le sérum artificiel injecté dans les veines.

6° *Stimuler les reins.* — C'est ce que font les procédés qui stimulent le cœur et augmentent la pression sanguine. La transfusion intra-veineuse influence rapidement les reins.

7° *Calmer la dyspnée.* — La dyspnée cesse avec la cyanose et les symptômes qui trahissent l'anoxémie, quand on a pratiqué la transfusion. Les inhalations d'oxygène m'ont paru utiles.

8° *Calmer le délire.* — C'est une des indications capitales, surtout chez les alcooliques.

Comme il importe de ménager la voie gastrique, comme les lavements laudanisés sont rarement conservés, il faut s'adresser aux injections sous-cutanées de morphine.

9° *Restituer au sang épaissi le sérum qu'il a perdu.* — Pour remédier aux énormes déperditions de sérosité consécutives à la débâcle gastro-intestinale, pour délayer le sang épaissi et secourir les tissus déshydratés, on peut utiliser les voies ouvertes (estomac, intestin, vessie) ou en ouvrir de nouvelles.

Les injections intra-vésicales sont peu efficaces ; les injections faites dans le péritoine et les plèvres sont insuffisantes, difficiles et manifestement dangereuses. Je n'envisagerai que les procédés qui s'adressent aux voies digestives et directement au système circulatoire.

I. Restitution aux voies digestives. — En 1830, les paysans russes prenaient l'initiative de gorger les cholériques d'eau salée, et, l'année suivante, Searle appliquait méthodiquement le procédé aux malades de Varsovie. En 1832, Thomas Latta donnait aux cholériques de Leith (Écosse) d'énormes quantités d'eau salée à boire et en même temps leur administrait des lavements salés. En 1866, à Paris, Moissenet eut la satisfaction de guérir 33 cholériques sur 44, en leur faisant prendre des potions au chlorure de sodium et des lavements contenant 30 ou 40 grammes du même sel; mais il ajoutait à cela le bicarbonate de soude à haute dose (30 à 40 grammes). C'est exactement l'inverse de ce que nous préconisons aujourd'hui.

Il est certain qu'on doit donner aux cholériques assoiffés des boissons à discrétion. Faut-il les contraindre à boire malgré leur désir? Les médecins qui l'affirment apprécient mal l'intolérance gastrique de ces patients et font trop bon marché des vomissements si pénibles qui sont la conséquence inévitable de leur méthode.

Les lavements ont été prescrits en tout temps chez les cholériques, mais nul ne les avait préconisés avec autant d'ardeur que Cantani. Ce médecin ne s'est pas contenté d'irrigations banales du gros intestin, il a fait des injections de 2 litres, qu'il s'est efforcé de porter, à l'aide d'une sonde, aussi haut que possible dans l'intestin. Bien qu'il soit difficile d'admettre, avec Cantani, que le liquide franchisse la barrière iléo-cœcale pour atteindre l'iléon, il faut reconnaître qu'il y avait là un procédé nouveau et que la création d'une dénomination nouvelle était justifiée. L'*enteroklyse* de Cantani était destinée, dès lors, à occuper une place importante dans la thérapeutique du choléra.

A l'exemple du médecin napolitain, les praticiens qui ont eu recours à l'entéroklyse ont ajouté à l'eau tiède une dose de 3 grammes d'acide tannique, souvent aussi quelques gouttes de laudanum.

Pendant l'épidémie de 1892, le procédé a joui d'une grande faveur à Hambourg, non pas comme traitement héroïque du collapsus algide, mais comme un adjuvant utile des autres médications pendant le stade de phlegmorrhagie. Heyse voit surtout dans l'entéroklyse un bon moyen de vider rapidement l'intestin, de conjurer le ténesme rectal et de procurer ainsi aux malades le repos dont les privent les incessantes évacuations. Ce n'est pas exactement le but que voulait atteindre le promoteur de la méthode.

Bourcy est le seul médecin qui, à Paris, ait fait connaître les résultats obtenus dans l'emploi du procédé de Cantani : « Le traitement de mes 42 cholériques a consisté surtout, outre les bains chauds, les injections de caféine et les potions à l'acide lactique, en grands lavages gastriques et intestinaux. Ces derniers étaient faits avec le bock à injection et la sonde molle introduite dans l'intestin aussi loin que possible. Le liquide employé était l'eau récemment bouillie et la quantité employée oscillait entre 2 et 6 litres. L'effet immédiat de ces lavages était un soulagement très marqué, si bien que les malades les réclamaient avec instance. Il m'a semblé que les cas de moyenne intensité étaient fort améliorés par ce procédé. »

Il serait injuste de ne pas mentionner ici la statistique de Tipiakoff, qui a soigné à Saratow 615 cholériques et en a sauvé 270. Dans la série des malades traités par les bains chauds et l'entéroklyse, ce médecin n'a eu qu'une mortalité de 22 à 24 pour 100, tandis que, dans la série des cas traités par les injections sous-cutanées de sérum, la mortalité s'est élevée à 56 pour 100.

II. Restitution au système circulatoire. — On a donné le nom d'*hypodermoklyse* à l'injection de sérum artificiel faite dans le tissu cellulaire sous-cutané, c'est-à-dire visant le système capillaire. J'ai proposé d'appeler *artérioklyse* l'injection intra-artérielle, et *phléboklyse* l'injection intra-veineuse du même sérum, en disant que ces opérations constituaient une sorte de *trinité thérapeutique.*

Je passerai rapidement sur la *transfusion intra-artérielle*, proposée, pour la première fois, par Landois et décrite par E. Ungar. Qu'on ait l'intention de diriger le liquide dans le sens normal du courant sanguin ou de lui faire remonter ce courant, cette opération ne peut avoir plus d'efficacité que celle qui s'adresse aux veines ; elle ne peut influencer plus rapidement le myocarde ; et, comme on ne doit jamais se décider, sans nécessité absolue, à ouvrir des artères, j'estime que l'artérioklyse doit être mise au rang des opérations dangereuses et, par conséquent, rejetée. Les résultats de Schede (de Hambourg), qui a obtenu 4 succès sur 16 opérations, ne sont pas de nature à ébranler ma conviction à cet égard.

J'arrive aux deux opérations qui se disputent actuellement la faveur des médecins et qui, largement pratiquées en 1892, méritent d'être mises en pleine lumière : la phléboklyse et l'hypodermoklyse.

A. *Transfusion intra-veineuse.* — Avant l'Écossais Latta, qu'on considère, en général, comme l'inventeur de la transfusion aqueuse chez les cholériques, il convient de citer Jœhnichen, qui, en 1830, à Moscou, injecta une solution acidulée dans les veines d'une cholérique agonisante. Latta ne vint qu'en 1832 et, la même année, Magendie avait recours, sans succès d'ailleurs, aux injections intra-veineuses, tandis que le Hambourgeois Zimmermann rapportait dans le journal d'Hufeland le premier cas de choléra guéri, en Allemagne, par le procédé de Latta.

Grâce aux efforts des médecins d'outre-Manche (Craigie, Gerdwood, Laurie, Carruthers, Weatherill), imitateurs de Latta, la méthode de la transfusion d'eau salée comptait déjà, en 1850, plus de trente succès chez les cholériques algides. En 1855, Duchaussoy lui consacrait une étude excellente. En 1866, Lorain l'appliquait discrètement (400 grammes d'eau pure injectés), mais victorieusement, à un malade. En 1873, Dujardin-Beaumetz tentait en vain de sauver trois cholériques, en leur injectant de l'eau salée.

Lorsque survint, à Paris, l'épidémie de 1884, Hayem n'hésita pas 'à mettre au service du procédé de Latta sa connaissance approfondie de l'hématologie clinique. Au lieu d'avoir recours à la solution de Latta (eau, 6 pintes ; sous-carbonate de soude, 2 scrupules ; chlorure de sodium, 2 drachmes), il se servit du liquide suivant :

Eau..............................	1000	grammes.
Chlorure de sodium pur..........	5	—
Sulfate de soude................	10	—

La température de cette solution était portée à 38° et la quantité injectée à 2 litres. Hayem avait pu établir, par la numération des globules au stade de collapsus algide, que, pour ramener la masse du sang à la normale (sans tenir compte des exigences des tissus déshydratés), il ne fallait pas moins de 1,150 grammes de sérum artificiel. Il y avait donc avantage à dépasser cette dose, sans imiter Latta, qui ne craignait pas d'injecter, dès le début, 120 onces soit 3 kilogr. 390, et qui, dans un cas heureux, fit passer dans les veines d'un cholérique, en treize heures, 17 kilogrammes de sérosité.

Avec la solution de Hayem, on rendait plus durables les effets de la transfusion et moins fréquentes les opérations nécessaires chez le même sujet. D'autre part, Hayem put établir, grâce au microscope, une distinction importante entre les cas où la retransfusion s'imposait (le nombre des globules rouges s'étant élevé à la suite de la déperdition post-opératoire de sérosité) et ceux où elle était inutile. En général, il mit entre deux transfusions un intervalle de vingt-quatre heures ; chez deux malades seulement, le nombre des transfusions s'éleva à trois, chez un seul à quatre, chiffre maximum.

Résultats de Hayem en 1884 : sur 90 cholériques

transfusés, 27 guérisons et 63 décès, soit 30 pour 100 de guérisons.

Hayem ne tarda pas à trouver un imitateur : en 1885, Rouvier traita comme lui 35 cholériques et obtint 18 guérisons (32.7 pour 100 de guérisons).

Ces chiffres montraient bien que la transfusion intra- veineuse n'était pas un moyen infaillible. Mais, lors- qu'on vit Hayem affirmer que le procédé n'aggravait pas la situation des malades ; que, pour provoquer la réaction franche, il n'avait pas d'égal, qu'il devait être considéré, désormais, comme constituant une méthode rationnelle, scientifique, non exceptionnelle, mais régulière dans le traitement du choléra ; que, d'ail- leurs, l'expérience de 1884 n'était pas encore décisive et que la transfusion pouvait aspirer à de plus nom- breuses victoires, plusieurs conçurent le projet d'uti- liser, à la première occasion, l'étude si précise du médecin de Saint-Antoine.

Dès qu'apparut le choléra de 1892, à Paris, on songea à la transfusion. C'est à Beaujon qu'on eut l'occasion de la pratiquer tout d'abord, puis elle fut faite par moi-même au Bastion 36. Du 11 juillet au 25 octobre, 149 cholériques ont subi de ma part cette opération, et, sur ce nombre, 34 ont guéri. Elle a été pratiquée de même par Variot, Siredey, Bourcy, et surtout à Saint-Antoine, dans le service de Hayem, par Lesage.

A Hambourg, en 1892, la transfusion intra-veineuse a été faite dans tous les services de l'Hôpital général. Comme le nombre des malades était considérable, comme on faisait concurremment les transfusions sous-cutanées et les grands lavages intestinaux, on a pu comparer entre elles les différentes méthodes. Le liquide employé était une solution de chlorure de sodium à 6 pour 1000, à laquelle on ajoutait parfois une petite quantité d'alcool absolu. La dose injectée variait de 1 litre et demi à 2 litres.

Parmi les plus chauds partisans de la transfusion

intra-veineuse, il faut citer Rumpf, Rieder, Schede, Jolasse, Heyse, Mouchot; en moyenne, ces médecins ont eu, chez les cholériques traités par ce procédé, une mortalité de 75 pour 100.

Quels sont les effets de la transfusion intra-veineuse? Quelles sont les indications? Quel est l'avenir de l'opération chez les cholériques?

Aucun des médecins qui ont assisté aux injections intra-veineuses faites chez les cholériques en état de collapsus algide n'a manqué d'exprimer son admiration pour des résultats qui tiennent du prodige.

« Lorsque les malades, dit Hayem, sont dans le collapsus complet, sans pouls, sans voix, les paupières à demi fermées sur des yeux atones et commençant à se dessécher, on croirait assister à une véritable résurrection. Après la pénétration dans la veine d'une certaine quantité de liquide, l'œil s'ouvre, s'humecte de larmes et reprend l'expression de la vie. Le malade regarde encore d'un air indifférent ce qui se passe autour de lui. Il semble sortir d'un rêve; il entend et la connaissance lui revient. Bientôt la coloration cyanique du visage s'efface, le pouls redevient sensible, le malade retrouve une voix forte et bien timbrée pour déclarer qu'il se sent mieux et pour demander à boire. En quelques minutes, on a transformé un être insensible et cadavérisé en un individu plein de forces. L'espérance du médecin renaît, et cette preuve éclatante de la puissance de son art l'encourage à la lutte et le récompense de son zèle. »

« La transfusion intra-veineuse, c'est le réveil des morts! » s'écrie Schede.

Parmi les phénomènes réactionnels attribuables à la phléboklyse, le plus remarquable est assurément le prompt retour du pouls radial supprimé. Il ne faut pas croire qu'une copieuse injection soit nécessaire pour faire battre le pouls radial. Quelques centaines de grammes suffisent en général. Cela prouve que le liquide injecté stimule le myocarde, et il est inutile d'invoquer ici l'action des sels de soude sur le muscle cardiaque, puisque Lorain a obtenu un succès définitif avec 400 grammes d'*eau pure*. La rapide irrigation des centres nerveux est démontrée par la réapparition des réflexes, des fonctions de sensibilité, de l'intelligence, par la disparition de la cyanose et de l'asphyxie.

Avant la fin de l'opération, on voit, en général, se produire un frisson qui dure une demi-heure ; puis la température centrale s'élève de 1° ou 2°. La langue devient humide, l'aphonie disparaît, l'opéré demande à boire. Souvent, il ne tarde pas à uriner. Dans certains cas (rarement d'après Hayem, assez souvent d'après moi), il a des vomissements réitérés et de copieuses évacuations intestinales ; l'organisme du cholérique étant dès lors traversé par le liquide comme un tonneau des Danaïdes, on pourrait accuser l'opération d'avoir manqué son but, si l'on n'envisageait les toxines diluées par le sérum artificiel et entraînées à la surface de l'estomac et de l'intestin. Au point de vue théorique, cette dilution et cette élimination rapide des toxines sont assurément très désirables ; en pratique, les grandes débâcles consécutives à la transfusion sont toujours à regretter : elles ramènent le collapsus algide et nécessitent des transfusions réitérées.

Pour mon compte, j'ai rarement fait plus de trois transfusions à chacun de mes cholériques et deux seulement ont subi six opérations. A Hambourg, le chiffre de six transfusions chez un seul et même cholérique n'a guère été dépassé. Schede cite des malades qui, ayant été transfusés cinq fois et même sept fois en quarante-huit heures, ont guéri. Lesage a dépassé ce nombre ; mais il faut dire que sa façon de comprendre les indications de la transfusion n'a pas été, de tous points, semblable à celle de Hayem en 1884, à celle des médecins de Hambourg et à la mienne.

Les indications de la transfusion intra-veineuse

doivent être précisées rigoureusement, si l'on veut éviter des excès regrettables dans la pratique. Il faut se rappeler qu'elle constitue une opération sérieuse ; que, sans parler de l'entrée (facile à éviter) de l'air dans les veines, elle expose les malades aux embolies pulmonaires constatées par Frænkel, aux foyers suppuratifs du poumon vus par Simmonds, aux phlébites, aux suppurations locales, et que, d'ailleurs, on ne peut jamais mesurer d'avance l'effet d'une perturbation thérapeutique aussi violente. Il faut se rappeler qu'un grand nombre de cholériques graves guérissent sans transfusion (j'en ai compté 65 dans mon service) et, par conséquent, réserver la transfusion aux cas désespérés. C'est ce qu'avait fait Hayem, en 1884 ; mais déjà, en 1885, il manifestait le regret de n'avoir pas agi autrement et s'élevait contre la temporisation.

Aussi n'eut-on pas à s'étonner de l'entendre proclamer à l'Académie de médecine, le 8 novembre 1892, lorsqu'il commenta les résultats obtenus dans son service par Lesage, les bienfaits de la transfusion hâtive. « Guidé par mes observations antérieures, dit-il, Lesage n'a pas craint d'étendre le domaine de la transfusion et il a opéré, non seulement les malades sans pouls, mais ceux aussi dont le pouls radial était seulement très affaibli, toutes les fois qu'après un certain nombre de bains chauds le choc artériel ne s'était pas relevé. »

Y a-t-il avantage à *étendre le domaine* de la transfusion ? Y a-t-il avantage à transfuser, comme on l'a fait à Saint-Antoine, des cholériques non graves ? En dépit de la statistique apportée par Hayem à l'appui de son dire, j'estime que la transfusion doit être faite seulement *in extremis*. J'estime qu'il faut attendre, pour la pratiquer, le *collapsus algide avec suppression durable du pouls radial*. J'estime que nous devons la tenir en réserve, *dernière cartouche*, dans notre giberne thérapeutique.

Ce n'est, d'ailleurs, qu'en la présentant de cette

manière qu'on pourra la faire accepter des médecins. Plusieurs se refusent encore à l'accueillir, lui reprochant d'être seulement un moyen de prolonger la lutte et non pas de gagner la bataille. Pour Delpeuch, par exemple, le médecin qui s'efforce de rendre la vie au cholérique cadavérisé est comparable au physiologiste qui ressuscite pour quelques secondes, à l'aide d'injections carotidiennes, la tête d'un décapité. J'ai répondu à Delpeuch en déclarant que, sur mes 34 cholériques transfusés guéris, j'en considérais 30 (parmi lesquels 3 menacés de mort par le choléra *foudroyant*) comme ayant été sauvés par la transfusion. N'en eussé-je sauvé qu'un seul, je n'aurais pas à regretter mes efforts. Et puis, il y a, pour l'avenir du traitement des cholériques plus que pour le présent, un autre argument à faire valoir : « Le jour où nous aurons entre les mains, ai-je dit, le *médicament spécifique* du choléra, nul ne négligera de gagner du temps, nul n'hésitera à rechercher ce retard de l'agonie que certains dédaignent à l'heure actuelle. »

Gagner du temps! voilà ce qu'il faut faire dans le choléra foudroyant.

J'ai parlé du liquide à employer : sérum d'Hayem ou solution de chlorure de sodium à 6 pour 1000, comme à Hambourg. Température du liquide à injecter : 38° à 39°, comme l'a conseillé Hayem. Je suis convaincu qu'il peut être dangereux de porter le liquide à un degré supérieur. Quantité de liquide : 1,500 à 2,000 grammes chez les adultes. L'injection doit être faite lentement et durer au moins quinze minutes.

J'ai conseillé de choisir toujours la veine saphène interne immédiatement au-dessus de la malléole ; elle est facile à trouver, elle repose sur un plan osseux, on peut y faire pénétrer facilement la canule sans se butter à des anastomoses. On incise la peau et l'aponévrose, on met la veine à nu sur une étendue de 2 centimètres au maximum, on la dissèque, on la charge sur une sonde cannelée et on la tend à l'aide

d'une pince pour y introduire la canule munie du trocart approprié, la pointe du trocart étant dirigée vers
le cœur. Tout cela en obéissant aux lois de l'antisepsie
la plus rigoureuse.

Quand la canule est introduite, on enlève le trocart,
qu'on remplace par l'embout de l'injecteur. Il est très
important de bien maintenir la canule dans la veine,
car, si on la laissait sortir, tout serait à recommencer,
et chacun sait qu'on risque souvent de transpercer la
veine ou de s'engager seulement dans la gaine. L'opération est, en résumé, délicate. Quand l'injection est
finie, on comprime la veine au-dessus de la plaie, pour
s'opposer à l'issue du liquide mêlé au sang, et l'on se
hâte de suturer la plaie. Puis on applique un panse-
ment antiseptique.

Si l'on doit renouveler la transfusion, il faut tâcher
d'utiliser la plaie déjà faite.

Quels sont les accidents à redouter? D'abord l'injection de l'air dans les veines ; ensuite la pénétration
des corps étrangers, des poussières, qui peuvent,
comme Simmonds l'a démontré dans les autopsies de
Hambourg, créer des embolies pulmonaires; la pénétration des germes septiques, susceptibles d'infecter
l'organisme; la suppuration de la plaie et les complications secondaires (phlébite, lymphangite, érysipèle, etc.). J'ajoute à ces accidents une chose heureusement exceptionnelle, puisque personne n'a cité de
cas analogue au mien : il s'agit de la gangrène du
pied, survenue du côté de la plaie veineuse à la suite
de l'opération. J'ai cité le fait au chapitre des complications.

Donc, il faut avoir un liquide parfaitement stérilisé
et stériliser aussi l'appareil dont on fera usage. Pour
éviter les corps étrangers, il faut filtrer avec soin le
liquide, ainsi que Lauenstein l'a conseillé. Il faut
obéir, dans toutes les pratiques opératoires, et cela
d'une façon absolue, aux [exigences de l'antisepsie la
plus minutieuse.

Quel est le meilleur appareil? Hayem s'est servi d'une pompe en caoutchouc. Après avoir essayé l'appareil de Dieulafoy et l'appareil de Potain, qu'on peut employer en cas d'urgence, j'ai eu recours au transfuseur de Collin.

Variot (1) s'est servi de l'appareil à pression, utilisé dans les laboratoires pour les injections microscopiques. A Hambourg, on a pris soit de simples injecteurs en verre, soit des appareils plus compliqués, parmi lesquels celui de Renvers paraît spécialement recommandable au point de vue de la pureté du liquide et de l'exclusion de l'air. Tous les appareils sont bons, pourvu qu'on se garantisse contre la pénétration des germes, des poussières, des particules solides et contre l'entrée de l'air dans les veines.

B. *Transfusion hypodermique.* — C'est en 1883 que Samuel (de Königsberg) et J. Michaël (de Hambourg) recommandèrent presque simultanément les injections d'eau salée dans le tissu cellulaire sous-cutané des cholériques. En 1884, Cantani utilisa la méthode à Naples, et la fit accepter à plusieurs confrères ; sur 187 cholériques traités par l'*hypodermoklyse* (on se rappelle que l'entéroklyse appartient au même médecin), 114 eurent la vie sauve : c'était une proportion de guérisons de 61 pour 100. La même année, Semmola se déclarait partisan absolu de ce procédé. En 1886, Bela von Angyan publiait les résultats obtenus chez 274 cholériques ; 106 guérisons et 168 décès, soit 40 pour 100 de guérisons.

En 1892, à Hambourg, l'hypodermoklyse a été acceptée d'emblée comme un excellent mode de traitement du choléra, et, comme J. Michaël était là pour soutenir qu'elle pouvait rivaliser avec la transfusion intra-veineuse, on ne craignit pas de l'employer, même au stade de collapsus algide. Mais bientôt, plusieurs médecins déclarèrent que, pour les cas

_____

(1) VARIOT (Soc. des hôp. de Paris, 25 nov. 1892).

extrêmes, il n'y avait qu'un traitement héroïque : l'injection dans les veines. D'ailleurs, ils acceptaient l'hypodermoklyse pour les cas d'intensité moyenne, et s'efforçaient de combiner l'une et l'autre opération dans les cas graves.

A Paris, l'hypodermoklyse a été pratiquée par Mathieu, chez une trentaine de malades. Ce médecin (1) a injecté, à l'aide de l'appareil de Burlureaux, de 400 à 800 grammes et même jusqu'à 1,200 grammes de sérum d'Hayem. Dans tous les cas, les effets ont paru favorables, soit que la transfusion intra-veineuse eût précédé ces injections, soit qu'elle n'eût pas semblé nécessaire. « Je n'hésiterais pas, ajoute Mathieu, à employer de nouveau et plus largement encore ce procédé, soit d'emblée, dans les cas moyens, soit consécutivement à la transfusion intra-veineuse. »

Siredey a soumis 54 cholériques au même traitement : « Dès qu'apparaissaient les premiers phénomènes d'algidité, de cyanose, on faisait une injection de 150 à 300 grammes de sérum, à l'aide de l'appareil de Burlureaux ou à l'aide de diverses seringues. L'injection était faite profondément dans le tissu cellulaire sous-cutané, ou à travers les muscles de la cuisse ou de la fesse, quelquefois à la partie inférieure de l'épaule, en employant toutes les précautions antiseptiques. Malgré la quantité du liquide injecté, il n'est survenu aucun accident immédiat ni éloigné. La douleur était vive chez certains malades, nulle chez les cholériques en collapsus. La dose quotidienne de sérum injecté variait de 300 à 500 grammes. Elle a été maintenue quelquefois pendant deux ou trois jours. Elle a été portée à 1 litre pour une jeune femme qui était entrée dans un état excessivement grave ; dès la fin de la première journée, la connaissance était revenue, le pouls se relevait et l'émission de 200

____

(1) MATHIEU (Soc. des hôp. de Paris, 4 nov. 1892).

grammes d'urine annonçait la fin de la crise. Chez 54 malades traités de la sorte, 38 sont morts et 16 ont guéri. »

La statistique de Siredey indique donc une proportion de guérisons de 29.63 pour 100. Michaël indiquait 42.7 pour 100 comme résultant d'un calcul fait à l'aide de diverses statistiques, lorsqu'il a voulu démontrer les avantages de l'hypodermoklyse. En général, les chiffres fournis par cette méthode thérapeutique sont supérieurs à ceux que donne la transfusion intra-veineuse, mais cela tient à l'état relativement favorable des sujets. Les cholériques désespérés ne subissent, en général, que la transfusion intra-veineuse; de là les échecs si fréquents de cette opération. Il faut s'attendre à voir toujours, dans la série des transfusés, moins de cholériques guéris que dans l'autre série. On doit s'abstenir de mettre en regard les chiffres de ces deux séries, puisque chacune des deux méthodes a ses indications spéciales. De même, il est impossible d'opposer les résultats de la transfusion intra-veineuse *hâtive* à ceux de la transfusion pratiquée *in extremis*.

Paul Guttmann (de Berlin) n'hésite pas à considérer l'hypodermoklyse comme la seule conquête thérapeutique sérieuse qu'ait réalisée le choléra, depuis 1884. Nous devons reconnaître avec lui qu'elle a des avantages réels :

1° Elle peut être faite en ville, tandis que la transfusion intra-veineuse n'est praticable qu'à l'hôpital, et on peut la faire *de bonne heure* ;

2° Elle est moins dangereuse, puisqu'elle n'expose ni à l'entrée de l'air dans les veines, ni aux embolies;

3° Elle donne des résultats moins brillants, moins saisissants, mais *plus durables* que l'autre opération; elle expose moins aux débâcles gastro-intestinales.

Puisque nous possédons l'hypodermoklyse qui doit suffire dans les cas d'intensité moyenne et que nous avons le droit d pratiquer hâtivement dans les cas graves, pourquoi chercherions-nous à lui substituer la transfusion intra-veineuse *hâtive ?* Réservons la phléboklyse pour les cas désespérés.

Pour pratiquer les injections sous-cutanées de sérum, on doit se servir du même liquide que pour la transfusion intra-veineuse et l'employer à la même température ; on aura une aiguille plus large et deux fois plus longue que celle de la seringue de Pravaz, qu'on adaptera au tube en caoutchouc de l'injecteur et qu'on introduira sous la peau des régions sous-claviculaire ou abdominale, ou bien aux points qu'a indiqués Siredey. Ici, comme pour la transfusion intra-veineuse, tous les injecteurs sont bons, pourvu qu'on les manie avec précaution et qu'on obéisse aux lois de l'antisepsie. On peut, pour gagner du temps, avoir recours à deux aiguilles simultanément.

L'utilité de l'opération, telle qu'on l'a préconisée dans l'épidémie de 1892, me paraît si évidente que je propose de mettre entre les mains des praticiens une provision de sérum artificiel et un appareil très simple, de telle sorte que l'injection sous-cutanée soit faite à domicile, *avant le départ pour l'hôpital.* Cela permettrait aux cholériques d'affronter, sans dommage, les longs trajets en voiture qui, trop souvent, causent des accidents irrémédiables.

C. — Conclusions.

Dans le *choléra léger*, tous les procédés réussissent ; il suffirait presque de condamner les malades au lit, de les priver d'aliments solides et de calmer leur soif à l'aide de boissons indifférentes pour les guérir.

Dans le *choléra grave*, il faut agir avec prudence, mais il faut agir vite. Si l'on n'a pas réussi à juguler la diarrhée prémonitoire, qu'il importe toujours de traiter énergiquement, il ne faut pas perdre son temps à essayer l'effet de l'opium ou des antiseptiques faibles, des sels de bismuth, par exemple. Il faut recourir immédiatement à l'un des deux remèdes, qui, en attendant un spécifique, s'imposent à notre confiance : le *calomel*, préconisé en Allemagne, ou l'*acide lactique*, vanté en France. On se gardera, cela va sans dire, d'associer ces deux médicaments : on choisira l'un ou l'autre et, si l'on se décide pour le calomel, on renoncera aux limonades acides qui vont si bien avec l'acide lactique.

S'il y a *tendance au collapsus* et cyanose, on aura recours aux bains chauds, à l'entéroklyse ou à l'hypodermcklyse, sans oublier les frictions, les injections sous-cutanées d'éther et de caféine, les inhalations d'oxygène.

S'il y a *collapsus algide avec suppression du pouls radial*, on fera la transfusion intra-veineuse.

Le choix des boissons aura une grande importance : boissons gazeuses glacées, eau de Seltz, champagne glacé étendu d'eau, café glacé très léger. Avant la période de réaction, il ne faut donner aux cholériques ni lait, ni bouillon, ni alcool ; le thé fait souvent vomir. Si l'on autorise trop tôt l'usage du lait et des aliments, on s'expose à des rechutes.

Dans la *convalescence*, l'intolérance gastrique et la diarrhée sont fréquentes. L'alimentation doit être extrêmement légère. J'ai eu recours parfois avec succès au lait d'ânesse. Il faut songer aussi aux lavements de peptone. J'insiste sur la nécessité de maintenir longtemps les convalescents au lit, malgré leur impatience.

Le traitement des *complications* sera réglé d'après chaque cas en particulier.

XII. — LA PROPHYLAXIE.

« Si l'on admet, écrivait Koch en 1884, que le choléra soit engendré par un organisme spécifique, il faut abandonner l'idée d'une origine autochtone à certains lieux. Un tel organisme, et en particulier le bacille virgule, se développe d'après les mêmes lois que tous les êtres vivants. Il ne peut être engendré que par un organisme semblable à lui-même. Mais comme les bacilles virgules ne sont pas répandus sur toute la surface du globe, nous sommes obligés d'admettre que la maladie dont ils sont la cause prend naissance dans les pays qui servent de berceau à ces bacilles virgules.

« Il est impossible de supposer que le choléra puisse naître spontanément dans le delta du Nil, sous prétexte que ce delta présente quelques analogies avec celui du Gange. De même, on ne peut admettre que le choléra se montre en Europe sans que le bacille y ait été importé.....

« Nous ne connaissons pas une seule épidémie qui soit née spontanément hors des Indes, et ce fait confirme l'hypothèse que le choléra dépend d'un organisme spécifique, qui tire son origine des Indes. »

Nous risquerions de vivre dans une sécurité trompeuse si, les yeux toujours tournés vers l'orient, nous méconnaissions le *choléra de reviviscence*, dont l'année 1892 nous a fourni un si terrible spécimen.

Les premiers cas de la banlieue ont été causés, cela est démontré, par l'eau de Seine. Mais encore? D'où l'eau de Seine tenait-elle les bacilles virgules?

« N'assistons-nous pas, disait Chantemesse (1), à une

---

(1) CHANTEMESSE (Soc. méd. des hôp. de Paris, 15 juill. 1892).

reviviscence des germes enfermés dans le sol depuis
1884, le microbe ayant retrouvé des conditions favorables à sa pullulation ? »

Tant que nous manquerons de renseignements positifs sur les spores et sur leur résistance, tant que la
bactériologie du choléra n'aura pas dit son dernier
mot, nous devrons surveiller non seulement nos frontières et nos ports, mais le territoire de notre pays.

La prophylaxie aux Indes. — C'est aux Indes surtout
qu'il faudrait pouvoir détruire les foyers cholériques.
Le programme est vaste. Quelques résultats, cités par
H. Monod, permettent d'entrevoir les succès à venir :

« La petite ville de Guntur, rendue célèbre par ses
épidémies cholériques, a acquis depuis quelques
années une réputation non moins grande par son
immunité. Même lorsque le choléra faisait rage autour
d'elle, pendant les années de famine, il n'y a pas eu un
seul cas dans la ville. D'où vient cette différence? Sous
la main d'un officier sanitaire énergique, la ville avait
été assainie, les maisons et les rues nettoyées ; mais,
ce fonctionnaire parti, tout était retombé à peu près
dans l'état ancien. Une seule réforme avait persisté, et
elle a suffi pour préserver les habitants du choléra :
Guntur a été pourvue d'une excellente amenée d'eau,
et c'est depuis lors que le choléra a disparu. »

La prophylaxie internationale. — Je ne ferai pas
l'histoire des *quarantaines*. Tout ce qu'on peut dire
sur les règlements sanitaires internationaux a été
exposé dans des livres bien connus (1). La désinfection
scientifiquement exécutée tend à se substituer partout
à la méthode des *lazarets*. En 1890, à la frontière
d'Espagne, nous avons désinfecté le linge des voyageurs dans les étuves à vapeur sous pression, nous
avons retenu dans les maisons d'isolement les cholé-

____

(1) Proust. *La défense de l'Europe contre le choléra;* Paris, 1892.

riques et les suspects ; le choléra n'a pas pénétré en France (Brouardel).

A la conférence de Venise (janvier 1892), les délégués français ont demandé que les navires eussent à bord un médecin et une étuve à désinfection, de façon que tous les objets susceptibles d'être souillés fussent désinfectés pendant la traversée, avant l'arrivée au port. C'est ce système qui a triomphé.

De par cette convention, les navires (venant d'extrême Orient) indemnes de choléra ou ceux qui auront été complètement désinfectés, soit pendant la traversée, soit avant leur entrée dans le canal de Suez, traverseront seuls ce canal.

Les navires sur lesquels il y a eu des cas de choléra pendant la traversée, mais aucun cas nouveau depuis sept jours, s'ils ont un médecin et une étuve à bord, pourront passer le canal en quarantaine, parce que, si un nouvel accident survenait, le médecin pourrait ordonner les mesures de désinfection nécessaires. Les navires de cette catégorie qui n'ont ni médecin ni appareil de désinfection seront retenus, avant l'entrée dans le canal, aux sources de Moïse, où seront appliquées les mesures de désinfection.

Les navires infectés ayant des cas de choléra à bord ou ayant eu des cas de choléra depuis sept jours seront arrêtés aux sources de Moïse, les malades seront débarqués et isolés. On désinfectera le linge sale, les objets à usage, les vêtements, ainsi que le navire.

« La délégation française, en faisant accepter ces propositions, est convaincue qu'elle a mis l'Europe à l'abri de la pénétration du choléra par la voie de Suez ; elle a émis le vœu que des conventions analogues soient appliquées au golfe Persique et aux frontières de l'Inde et de la Russie. » (Brouardel).

Emue par les événements de 1892, la majorité des puissances européennes a réuni à Dresde, en avril 1893, une conférence sanitaire. La donnée était la suivante :

Le choléra a pénétré dans un des États de l'Europe ;

quelles sont les règles à observer, au point de vue du transit des voyageurs et des marchandises, pour protéger les autres États ?

Voici le résumé de la convention adoptée.

« Le gouvernement du pays contaminé notifiera, dès son apparition, aux autres gouvernements l'existence sur son territoire d'un foyer cholérique.

« Les gouvernements ainsi prévenus devront publier immédiatement les mesures qu'ils prescriront au sujet des provenances de la circonscription contaminée ; mais elles ne seront appliquées qu'à la circonscription territoriale infectée et non au pays tout entier dans lequel se trouve cette circonscription.

« Les marchandises prohibées seront : les linges, hardes et vêtements portés, les literies ayant servi ; les chiffons et les drilles. Exception est faite pour certaines catégories de chiffons qui ont subi des manipulations particulières.

« Dans les bagages, la désinfection sera obligatoire pour le linge sale, les hardes, vêtements et objets provenant d'une circonscription territoriale déclarée contaminée et que l'autorité sanitaire locale considère comme dangereux.

« Il n'y aura pas de quarantaine terrestre. Seuls, les malades cholériques et les personnes atteintes d'accidents cholériformes pourront être isolés et retenus aux frontières.

« Dans les ports, les navires infectés (navires ayant le choléra à bord ou ayant eu des cas de choléra depuis sept jours) seront soumis au régime suivant : les malades seront débarqués et isolés. Les autres personnes seront débarquées si possible et soumises à une observation qui ne pourra dépasser cinq jours et qui pourra être diminuée suivant la durée de la traversée et les conditions sanitaires générales du navire. Le linge sale et le navire (ou la partie du navire) contaminés seront désinfectés.

« Les zones frontières, certaines catégories de personnes (bohémiens, pèlerins, émigrants, etc.), les vaisseaux faisant le cabotage sont soumis à un régime spécial. »

La prophylaxie régionale et locale. — La meilleure façon d'éviter le choléra, c'est de distribuer aux populations de l'eau saine, non souillée, bien filtrée, de surveiller les puits et les fontaines.

La déclaration des cas de choléra doit être obligatoire.

Lorsqu'un cas suspect est signalé, il s'agit d'isoler le malade, de désinfecter le linge et la literie dans l'étuve, de désinfecter les locaux habités par le malade, de détruire les germes contenus dans les déjections.

Pour le linge de corps, les draps, les serviettes, les habits, la literie, etc., on peut rarement pratiquer la désinfection sur place ; on prendra donc de grandes précautions pendant le transport. L'étuve à désinfection par vapeur sous pression est indispensable.

La désinfection des locaux comprend la désinfection du lit, des meubles, de tous les objets contaminés. Ici, pulvérisations, lotions avec les solutions de sublimé, les solutions phéniquées, le lait de chaux ; on lavera les murs et surtout les planchers.

Pour purifier aisément les déjections, il sera bon de ne présenter aux malades que des bassins contenant déjà la solution de sulfate de cuivre à 5 pour 100 ou le lait de chaux. Ces solutions seront, dans tous les cas, mélangées intimement aux matières.

Il faut désinfecter les fosses d'aisances.

Il convient d'envelopper les cadavres à l'aide de linceuls trempés dans la solution de sublimé. Il faut enfin pratiquer rapidement les inhumations ; mieux encore décréter la *crémation obligatoire*.

La prophylaxie individuelle. — En temps de choléra, il faut éviter les excès alimentaires, les fatigues exagérées, obéir d'une façon générale aux lois de l'hygiène ;

je n'ai pas besoin de détailler. L'eau qu'on boira sera filtrée soigneusement et bouillie si l'on n'est pas absolument sûr de sa provenance. On se lavera soigneusement les mains avant chaque repas et on s'assurera de la provenance des aliments, qui peuvent être chargés de germes.

Comme médicaments préventifs, on a vanté le salol, le calomel, etc.

Les personnes qui soigneront les malades auront des précautions plus minutieuses à prendre que les autres, cela se comprend aisément.

On évitera l'affolement, dont certaines populations de Russie ont donné le spectacle regrettable en 1892.

J'arrive à l'importante question des vaccinations anticholériques.

La *vaccination* peut-elle être réalisée lorsqu'il s'agit d'une maladie essentiellement récidivante comme le choléra?

En 1885, Ferran a eu recours à un procédé qui ne reposait pas sur des données scientifiques rigoureuses.

Gamaleïa, en 1888, a cultivé un virus cholérique dans le bouillon et, en chauffant à 12°, a détruit les microbes. Dès lors, la substance inoculée aux animaux à doses fractionnées les rendait réfractaires au choléra.

Haffkine (1892) a appliqué au choléra la méthode d'exaltation et d'atténuation des virus qui a servi au choléra des poules, au charbon, au rouget, etc. Le virus atténué par la culture à 39° centigrades dans une atmosphère constamment aérée a pu être inoculé par Haffkine à des animaux qui sont ainsi devenus absolument réfractaires au choléra. Ce physiologiste s'est vacciné lui-même et a vacciné, à l'aide du virus atténué, plusieurs personnes. La résistance au choléra d'une de ces personnes a été éprouvée au bout de six jours; elle a subi, sans effet fâcheux, une injection de virus exalté.

Brieger, Kitasato et Wassermann ont cherché à

conférer l'immunité aux animaux à l'aide d'extraits de thymus mélangés aux cultures chauffées à 65°; le succès a été obtenu dans 80 pour 100 des cas.

Klemperer a fait une série importante de recherches sur l'effet des cultures chauffées à 70°; il n'admet pas que l'extrait de thymus soit nécessaire. Les lapins vaccinés par Klemperer ont été réfractaires, et, de plus, leur sérum sanguin a conféré l'immunité à des cobayes.

Même succès, entre les mains de Klemperer, avec les cultures électrisées pendant vingt-quatre heures par un courant constant de 20 milliampères.

Vincenzi admet que le sérum sanguin de cobayes vaccinés confère l'immunité.

C'est également au sérum sanguin des animaux qu'ont eu recours Pawlowski et Buchstab. Ils ont réussi à conférer l'immunité à des animaux à l'aide du sérum sanguin d'animaux vaccinés par eux. En outre, le sérum emprunté à des animaux immunisés a paru doué, entre leurs mains, de vertus thérapeutiques; les lapins, d'abord inoculés à l'aide du virus cholérique, puis traités par les injections de sérum, ont échappé à la mort douze fois sur seize. Ces auteurs se sont inoculé le sérum immunisé sans éprouver aucun dommage. Ils n'ont pas fait d'autre expérience sur l'homme. D'après eux, le sérum immunisé agit non seulement en vertu du phénomène biologique de la lutte de l'organisme contre l'envahissement microbien, mais encore d'une manière purement mécanique, en coagulant, par l'albumine circulante, les toxines spécifiques qui sont fort instables.

On n'a pas seulement eu recours au sang des animaux : Lazarus (1892) a constaté que le sérum sanguin de l'homme *récemment atteint de choléra* rendait les cobayes réfractaires à l'infection cholérique. D'après Metchnikoff (1893), ce même sérum n'est pas toujours susceptible de vacciner le cobaye; sur cent échantillons provenant de cent sujets différents, cinquante-

huit seulement confèrent l'immunité à cet animal. De
même la moitié seulement des *malades cholériques* et
la moitié des individus *morts du choléra* fournissent
un sérum sanguin utile au cobaye.

Chose curieuse, le sérum sanguin des hommes *qui
n'ont jamais eu le cholera* jouit à peu près des mêmes
propriétés que l'autre. Injecté par Metchnikoff dans
le péritoine des cobayes, il a protégé ces animaux
dans la moitié des cas environ. Faut-il conclure de
là que la moitié des Européens soit réfractaire au
choléra? Metchnikoff ne le pense pas. Il rappelle que
le sérum sanguin peut vacciner contre une infection,
même lorsqu'il est emprunté à des sujets non réfractaires à cette infection.

Tels sont les résultats connus à cette heure. Les
conclusions pratiques sont proches.

TABLE DES MATIÈRES

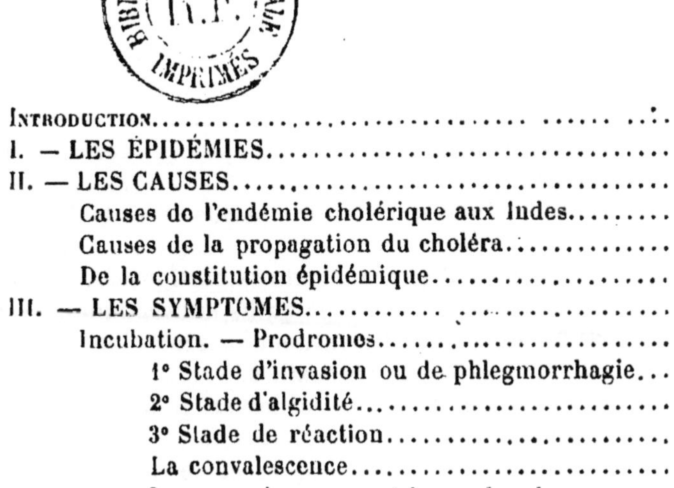

CORBEIL. — IMPRIMERIE CRÉTÉ-DE L'ARBRE.

Bulletin

des

Annonces.